Kauderwelsch
Band 204

Warten auf die Fähre in Itilleq (bei Igaliku)

Impressum

Richard Kölbl
Grönländisch – Wort für Wort
erschienen im
Reise Know-How Verlag Peter Rump GmbH
Osnabrücker Str. 79, D-33649 Bielefeld
info@reise-know-how.de

2. Auflage 2014

Bearbeitung & Layout Svenja Lutterbeck
Layout-Konzept Günter Pawlak, FaktorZwo! Bielefeld
Umschlag Peter Rump
Kartographie Iain Macneish
Fotos Richard Kölbl
Druck und Bindung Werbedruck GmbH Horst Schreckhase, Spangenberg

ISBN: 978-3-89416-896-4
Printed in Germany

Dieses Buch ist erhältlich in jeder Buchhandlung Deutschlands, Österreichs, der Schweiz und der Benelux-Staaten. Bitte informieren Sie Ihren Buchhändler über folgende Bezugsadressen:
Deutschland Prolit GmbH, Postfach 9, 35461 Fernwald (Annerod) sowie alle Barsortimente
Schweiz AVA-buch 2000, Postfach 27, CH-8910 Affoltern
Österreich Mohr Morawa Buchvertrieb GmbH, Sulzengasse 2, A-1230 Wien
Belgien & Niederlande Willems Adventure, www.willemsadventure.nl
direkt Wer im Buchhandel kein Glück hat, bekommt unsere Bücher zuzüglich Porto- und Verpackungskosten auch direkt über unseren Internet-Shop: ***www.reise-know-how.de***
Zu diesem Buch ist ein **AusspracheTrainer** erhältlich, auf **Audio-CD** in jeder Buchhandlung Deutschlands, Österreichs, der Schweiz und der Benelux-Staaten, oder als **MP3-Download** unter ***www.reise-know-how.de***
Der Verlag möchte die **Reihe Kauderwelsch** weiter ausbauen und **sucht Autoren!** Mehr Informationen finden Sie unter ***www.reise-know-how.de/rkh_mitarbeit.php***

Kauderwelsch

Richard Kölbl

Grönländisch

Wort für Wort

Allen
von fremden Sprachen Faszinierten,
die ihre eigene lieben.

REISE KNOW-HOW
im Internet
www.reise-know-how.de
info@reise-know-how.de

Aktuelle Reisetipps und Neuigkeiten, Ergänzungen nach Redaktionsschluss, Büchershop und Sonderangebote rund ums Reisen

Kauderwelsch-Sprechführer sind anders!

Warum? Weil sie Sie in die Lage versetzen, wirklich zu sprechen und die Leute zu verstehen.

Wie wird das gemacht? Abgesehen von dem, was jedes Sprachbuch bietet, nämlich Vokabeln, Beispielsätze usw., zeichnen sich die Bände der Kauderwelsch-Reihe durch folgende Besonderheiten aus:

Die **Grammatik** wird in einfacher Sprache so weit erklärt, dass es möglich wird, ohne viel Paukerei mit dem Sprechen zu beginnen, wenn auch nicht gerade druckreif.

Alle Beispielsätze werden doppelt ins Deutsche übertragen: zum einen **Wort-für-Wort,** zum anderen in „ordentliches" Hochdeutsch. So wird das fremde Sprachsystem sehr gut durchschaubar. Denn in einer fremden Sprache unterscheiden sich z. B. Satzbau und Ausdrucksweise recht stark vom Deutschen. Ohne diese Übersetzungsart ist es so gut wie unmöglich, schnell einzelne Wörter in einem Satz auszutauschen.

Die **Autorinnen** und **Autoren** der Reihe sind Globetrotter, die die Sprache im Land selbst gelernt haben. Sie wissen daher genau, wie und was die Leute auf der Straße sprechen. Deren Ausdrucksweise ist nämlich häufig viel einfacher und direkter als z. B. die Sprache der Literatur oder des Fernsehens.

Besonders wichtig sind im Reiseland **Körpersprache, Gesten, Zeichen** und **Verhaltensregeln,** ohne die auch Sprachkundige kaum mit Menschen in guten Kontakt kommen. In allen Bänden der Kauderwelsch-Reihe wird darum besonders auf diese Art der nonverbalen Kommunikation eingegangen.

Kauderwelsch-Sprechführer sind keine Lehrbücher, aber viel mehr als Sprachführer! Wenn Sie ein wenig Zeit investieren und einige Vokabeln lernen, werden Sie mit ihrer Hilfe in kürzester Zeit schon Informationen bekommen und Erfahrungen machen, die „sprachlosen" Reisenden verborgen bleiben.

Inhalt

Grönländische Fahne zwischen den Häusern von Qaqortoq

Vorwort

Planen Sie eine Reise nach Grönland, ob auf eigene Faust oder auf einer Kreuzfahrt, und möchten einen Vorrat gebrauchsfertiger Sätze für alle Fälle dabeihaben? Man kann in Grönland nicht immer erwarten, auf Englischkenntnisse zu stoßen. Oder sind Sie interessiert an Fremdsprachen und wollen sich einen Überblick über diese so ganz anders aufgebaute Sprache verschaffen? Oder haben Sie vor, sich gewisse Grundkenntnisse der Grammatik und ein reisetaugliches Vokabular des Grönländischen anzueignen? Für alle diese Fälle haben Sie dafür das richtige Buch in der Hand.

Grönländisch – das ist geradezu der Inbegriff der fremdartigen und unbekannten Sprache. Sie ist aber auch der Ausdruck des höchst lebendigen kulturellen Bewusstseins der Kalaallit, der Ureinwohner jener größten Insel der Welt, deren für uns so faszinierende Eiswelt diese arktische Kultur stets in ihr strenges Regiment nahm.

Sich mit Grönländisch zu beschäftigen heißt, einen Blick in eine völlig andersartige sprachliche Welt zu tun. Es heißt aber vor allem auch, dem kulturellen Erbe der Kalaallit mit der ihm zukommenden Anerkennung und respektvollen Haltung zu begegnen.

Was immer Sie mit Grönländisch vorhaben, ich wünsche Ihnen apuulluarna: Kommen Sie gut an Ihr Ziel!

Hinweise zur Benutzung

Hören Sie sich Ausprachebeispiele mit Ihrem Smartphone an! Ausgewählte Kapitel im Konversationsteil sind dafür mit einem QR-Code ausgestattet.

Dieser Sprechführer gliedert sich in Erklärungen zur Aussprache, Grammatik, Konversationsteil und Wörterlisten.

Ganz ohne **Grammatik** geht es leider nicht. Ich habe versucht, wesentliche Grundzüge darzustellen, ohne zu sehr in die Tiefe zu gehen. Das Ziel dieses Bandes ist es, Ihnen die Bildung einfacher Frage- und Aussagesätze in reisetypischen Situationen zu ermöglichen. Viele Aspekte der komplexen grönländischen Sprache konnten dabei nur angerissen bzw. nicht berücksichtigt werden. Für Lust auf mehr dient die Literaturliste im Anhang.
Der Grammatikteil ist strikt so aufgebaut, dass alles, was Sie zum Verständnis eines Kapitels brauchen, in den zurückliegenden Kapiteln vorbereitet wurde. Grönländisch ist so anders aufgebaut, dass es völlig normal ist, wenn Sie immer wieder einmal zurückblättern müssen. Nehmen Sie sich Zeit beim Durcharbeiten!

Der **Konversationsteil** ist als Mustersammlung von Sätzen und Wörtern mit grammatikalischer Hilfestellung zu sehen. Damit können Sie eigene Sätze bilden – nur Mut!

Die **Wort-für-Wort-Übersetzung** (WfW) in *kursiv* ist dabei zentrale Hilfe, denn es gibt bislang kein vergleichbares Buch, das Ihnen die grönländischen Satzwörter so analysiert.

Neben dem einzelnen Wort sind unselbständige Anhängesilben, die Suffixe, unverzichtbare Bedeutungsträger. Ich trenne im grönländischen Original die einzelnen Wortbausteine (Grundwort, Suffix, Beugungsendung) mit einem Strich (|) voneinander ab

Für jeden Baustein gebe ich Ihnen die Bedeutungen an, die in der WfW mit Bindestrich voneinander getrennt werden. Oft kann ein grönländischer Wortbaustein aber nur mit mehreren Wörtern im Deutschen wiedergegeben werden. Diese deutschen Wörter werden dann durch Unterstrich *(_)* miteinander verbunden:

Inuu	**|llua**	**|qqu**	**|laar**	**|uk.**
leben	*-etwas_gut_machen*	*-wollen_dass*	*-wenig(BITTE)*	*-DU_IHN!*

Darunter folgt eine dem deutschen Sprachgebrauch angepasste Übersetzung, hier z. B. „Viele Grüße an ...“ sowie gelegentlich eine angenäherte wörtliche Übersetzung, hier: „bitte fordere ihn auf, gut zu leben“.

Silben mit rein grammatischer Bedeutung gebe ich groß geschrieben wieder. Außerdem bekommen manche Silben in bestimmten Zusammenhängen neue Bedeutungen, die ebenfalls in Klammern groß geschrieben beigefügt werden. Beispielsweise bedeutet die Silbe -laar- zwar „wenig“, muss aber hier mit „bitte“ (WfW: *BITTE*) übersetzt werden.

So ist mit ZUK nur die grammatische Zukunft, nicht aber die Übersetzung des Wortes Zukunft gemeint.

Gegeneinander austauschbare Wörter werden durch Schrägstrich getrennt. Beachten

Sie aber bitte, dass dem ausgetauschten deutschen Wort im Grönländischen oft nur ein Wortbaustein entspricht, so dass ich dort das vollständige grönländische Wort – und nicht nur einen Teil – nach dem Schrägstrich wiederhole. Die bereits einmal in der WfW übersetzten Bausteine lasse ich aus Platzgründen beim zweiten Mal gelegentlich weg:

Ajor|punga / Aju|nngila|nga.
schlecht_sein-ICH / schlecht_sein-nicht-ICH
Mir geht es schlecht / gut.

Das bedeutet:
„Mir geht es schlecht" heißt Ajor|punga, und „Mir geht es gut" Aju|nngila|nga.

Gelegentlich gebe ich einen alternativen mehrteiligen Ausdruck in Klammern an, der das *ganze* Davorstehende ersetzen kann.

Sie können so jedes einzelne Beispiel aus Grammatik- und Konversationsteil nachvollziehen. Fast jedes verwendete Wort und Suffix wird in den **Wörterlisten** angeführt. Sie bieten einen Grundwortschatz mit notwendigen grammatischen Angaben. Zusätzlich gibt es im Anhang eine Übersicht über die Bedeutung wichtiger Suffixe, die Sie kennen sollten mit je einem Anwendungsbeispiel.

Seitenzahlen
Um Ihnen den Umgang mit den Zahlen zu erleichtern, wird auf jeder Seite die Seitenzahl auch in Grönländisch bzw. Dänisch angegeben!

Land & Sprache

Grönländisch ist eine polysynthetische Sprache. Sprachen dieses Typs setzen aus meist unselbständigen Bausteinen oft lange Satzwörter zusammen. Nicht selten entspricht ein grönländisches Wort einem ganzen deutschen Satz. Im Deutschen sind einzelne Aussagen dagegen an getrennt stehende Wörter gebunden.

Verwandtschaftsbeziehungen der eskimo-alëutischen Sprachen sind bisher nur zu den Wakash-Sprachen (z. B. Kwakiutl, Nootka) an der Nordwestküste des nordamerikanischen Kontinents nachgewiesen worden.

Grönländisch ist der östlichste Vertreter der eskimo-alëutischen Sprachen aus den arktischen Regionen Kanadas, Alaskas und Ostsibiriens. Sie bilden fünf Gruppen mit jeweils mehreren Sprachen:

Kalaallisut (Grönland)	**Ost-Inuktitut** (Baffinland, Labrador)	**West-Inuktitut** (Nordkanada, Alaska)	**Iñupiaq** (Nordkanada, Alaska)	**Yupik** (Südalaska, Sibirien)
Westgrönländisch (Kitaamiutut)	Tarramiut	Karibu	North Slope	Zentralalaska-Eskimo
Ostgrönländisch (Tunumiutut)	Baffindialekte (Aivilik)	Netsilik	Kobuk	sibirisches Eskimo (Yuit)
Nordgrönländisch (Polareskimo, Avanersuarmiutut)	Labradordial.	Copper, MacKenzie	Seward-Halbinsel-Dialekt	pazifisches Eskimo

Grönländisch selbst gehört nicht zur Inuktitut-Gruppe, selbst wenn dies immer wieder zu lesen ist, sondern ist damit verwandt; allerdings so eng, dass sich Angehörige beider Sprachgruppen in gewissem Umfang verständigen können. In diesem Buch wird West-

Es gibt einige weitere Unrichtigkeiten bezüglich Grönländisch: so stimmt weder die verbreitete Übersetzung des Landesnamens als „Land der Menschen“ (das steht sogar in Grönland selbst auf Souvenirs!), noch hat es nur zwölf Zahlwörter, und es gibt auch nicht Hunderte von Grundwörtern für Eis und Schnee. Zu all dem kommen wir noch.

grönländisch behandelt, die offizielle Standardsprache in Grönland. Nur vereinzelte nord- und südgrönländische Besonderheiten werden erwähnt. Ostgrönländisch ist ein stark abweichender Dialekt, der viel mit Nordgrönländisch gemein hat.

Eskimo – Inuit – Kalaallit

Die genaue Herkunft und Bedeutung des Wortes „Eskimo“ ist nicht restlos geklärt. Es wird angenommen, dass es aus der Sprache Montagnais (Algonkin-Familie) stammt und „Rohfleischesser“ bedeutet. Bei genauerer Betrachtung findet man nur in der Sprache Ojibwa ein eshkipot mit dieser Bedeutung. Im Montagnais gibt es ashkimew mit der ganz anderen, womöglich nie pejorativ gemeinten Bedeutung „sie flicht Schneeschuhe“. Wie auch immer: das Wort Eskimo wird heute als ethnischer Begriff im gesamten arktischen Raum, vor allem in Kanada, als erniedrigend empfunden und 1977 in der Inuit Circumpolar Conference in Barrow, Alaska, durch „Inuit“ („Menschen“) ersetzt.

Einzig als archäologischer und linguistischer Terminus wird das Wort „Eskimo“ noch verwendet. so spricht man in Grönland von den frühen Vorläuferkulturen als Eskimosiedlungen, und von Eskimologie als Sprachwissenschaft.

Die Grönländer bezeichnen ihre Nation heute jedoch nicht als Inuit, sondern als Kalaallit „Grönländer“ – außer einigen politischen Randgruppen. Die Herkunft und Bedeutung dieses Wortes ist völlig unklar; „Mensch“ bedeutet es jedoch auf keinen Fall. Da es ursprünglich nur in Südgrönland bekannt war, könnte es eine Verballhornung des altnordischen Wortes skrælingjar sein, eine nicht schmeichelhafte Bezeichnung der nordischen Siedler Südgrönlands für die Grönländer mit Bezug auf deren Fellkleidung. Dennoch entwickelte es sich zur Nationalbezeichnung.

Die ursprüngliche Bezeichnung für alle Weißen, qallunaat, *ist von ihrer Herkunft ebenfalls unklar. Heute bezeichnet sie ausschließlich die dänische Nationalität.*

Die dänische Kolonialpolitik wirkte sich auf Grönland in sprachlicher Hinsicht völlig anders aus als auf den ebenfalls dänischen Färöer-Inseln. Grönländisch war in seinem Bestand nicht gefährdet, sein Gebrauch nie verboten. Samuel Kleinschmidt, ein deutscher Missionar, schuf um 1850 die erste Standardgrammatik und Orthographie für die bis dahin nur mündlich weitergegebene Sprache, die anders als die wenigen Vorgängerinnen ihrer Sprachstruktur wirklich gerecht wurden.

Die Rechtschreibung wurde ab 1861 in der Zeitung Atuagagdliutit, *angeblich die erste der Welt im Mehrfarbendruck, verbreitet. Die Zeitung erscheint noch heute.*

Bis 1950 gab es nur wenige Dänen in Grönland, die meist die Landessprache gut beherrschten. Ab da wanderten dänische Arbeitskräfte ein, die um 1975 etwa 19 % der Bevölkerung ausmachten. Damit ging eine starke Danisierungsbewegung einher, die Dänisch im Unterricht durchsetzte und in den modernen Lebensbereichen, die den Grönländern vor 1950 vielfach unbekannt waren. In den 1970ern gab es eine starke Gegenbewegung, die in der Verleihung einer weitgehenden Autonomie gipfelte. Grönländisch wurde als erste Amtssprache festgelegt. Der offizielle Status des Dänischen ist unklar, außer dass es „gründlich“ unterrichtet werden soll. Faktisch aber bestehen im öffentli-

Sonstige Fremdsprachenkenntnisse (v. a. Englisch) findet man am ehesten bei den jüngeren, gut ausgebildeten Grönländern.

chen Raum beide Sprachen nebeneinander. Etwa 70 % der Bevölkerung haben Grönländisch als ihre Muttersprache, 18 % Dänisch, und nur 12 % sind genuin zweisprachig. Für die weitaus meisten ist die jeweils andere Sprache eine mehr oder weniger beherrschte Fremdsprache.

Paradoxerweise ist heute Grönländisch in einigen Bereichen gefährdeter als vor 1950. Es ist eine an das nomadische Leben von Jägern der Arktis bestens angepasste Sprache, dem viele handliche Begriffe besonders für die in hektischem Wandel begriffenen Bereiche des modernen Lebens fehlen – noch, denn es werden große Anstrengungen unternommen, solche Begriffe aus der immensen Ausdruckskraft des Grönländischen zu schaffen, die auch verwendbar sind. Damit soll vermieden werden, dass sich z. B. wissenschaftliche, technische und juristische Bereiche ganz vom Grönländischen abwenden. Insgesamt ist die Bedeutung des Dänischen rückläufig, was bereits zu ersten Protesten der Dänen geführt hat.

Alphabet & Aussprache

Grönländisch wird mit lateinischen Buchstaben geschrieben:

a e f g i j k l m n o p q r s t u v

In den meist dänischen Fremdwörtern kommen noch b, c, d, h, w, x, y, z, æ, ø und å hinzu. Die Schreibung folgt genau der Aussprache: kurzem Laut entspricht ein Einzelbuchstabe, langem Laut entspricht ein Doppelbuchstabe.

In eckigen Klammern ([ ]) gebe ich eine Lautschrift an, als wäre das Wort soweit wie möglich deutsch geschrieben. Nur angedeutet hörbare Laute werden dabei hochgestellt geschrieben.

Aussprache der Selbstlaute (Vokale)

a, i und u sind die Grundvokale. e und o sind hingegen lediglich Varianten von i und u. Sie ersetzen letztere in der Position vor q und r.

Doppelvokale werden lang gesprochen. Unterstrichene Vokale sind betont.

a	helles „a" wie „Pl**a**ne", fast „ä" wie „Pl**ä**ne" **anaana** [anahna] *Mutter*
i	wie „i" in „n**i**e" **ini** [ini] *Zimmer,* **niisa** [nihsa] *Schweinswal*
u	wie „u" in „d**u**" mit leichtem, fast sächsischem ü-Klang, Lippen aber ungespitzt **ulu** [ulu] *Schabemesser,* **uunga** [uhnga] *dorthin*
e	ähnlich wie in „Gab**e**", fast „ö" wie in „g**i**rl" [görl], ich umschreibe es mit „ë" **qeqertaq** [qëqë^{r}ddaq] *Insel,* **meeraq** [mëëraq] *Kind*
o	wie in „d**o**rt", nie wie in „B**oo**t" **qooroq** [qooroq] *Tal*

Besonders kurzes „a", klingt genau genommen fast wie „e".

e steht anstelle von i vor q und r.

o steht anstelle von u vor q und r.

Aussprache der Mitlaute (Konsonanten)

Wie im Deutschen werden ausgesprochen: j, l (einfach), m, n, ng und s (ist immer stimmlos).

f	wie „f" in „A**ff**e" **siniffia** [siniffi-a] *sein Bett*
g	nur fast wie „g" in „Re**g**el", der Zungenrücken berührt den Gaumen nicht, sondern deutet das „g" nur an **uiga** [u-i-ᵍa] *mein Ehemann;* in Fremdwörtern am Wortanfang wie „g" in „**g**ut" **Guuti** [guhti] *Gott,* **gassi** [gassi] *Gas*
gg	wie weiches „ⁱch" in „i**ch**". Das ⁱ dient nur zur Unterscheidung vom rauen „ch",wird aber nicht gesprochen **naagga** [naaⁱcha] *nein*
k	wie „g" in „Fla**gg**e", dabei eher stimmlos (vgl. Sächsisch), aber keinesfalls hart-stimmlos bzw. behaucht wie „k" / „ck" **kamik** [gamig] *Stiefel*
ll	stimmloses „l": Zunge an die Schneidezähne legen (wie beim normalen „l") und gleichzeitig „ch" wie in „I**chl**ing" sprechen **illu** etwa [ichlu] *Haus,* **illillu** [ichlichlu] *gleichfalls*
p	wie „b" in „E**bb**e", dabei eher stimmlos, (vgl. Sächsisch), aber keinesfalls hart-stimmlos bzw. behaucht wie „p" **panik** [banig] *Tochter*

Klingt's etwas gequetscht und zischend? Dann stimmt's.

q	wird ähnlich wie „k“ gebildet, aber ganz tief im Hals am Zäpfchen, wo raues „ch“ wie in „Na**ch**t“ oder „r“ gesprochen werden. Der Zungenrücken verschließt bei q den Rachen ganz – anders als bei „ch“ oder „r“. Man muss es von „k“ wie in „**K**ind“, das weiter vorne am Gaumen gebildet wird, deutlich unterscheiden. **qajaq** [qajaq] *Kajak,* **kiffaq** [giffaq] *Haushaltshilfe*
r	wie norddeutsches Zäpfchen-„r“ **naluara** [nalu-ara] *ich weiß nicht;* r vor anderem Mitlaut ist nur schwach hörbar, aber dieser wird dann etwas länger gesprochen **sarfaq** [sarffaq] *Strom,* **arnaq** [arnnaq] *Frau*
rl	wie schwaches r + grönländisches ll **arlaat** etwa [archlaat] *einer davon,* **qarliit** [qarchliit] *Hose*
rr	wie raues „ch“ in „Na**ch**t“ (vgl. oben gg) **karra** [gachcha] Landspitze
t	am Wortanfang und im Wortinneren wie „d“ in „Pa**dd**el“, dabei eher stimmlos (vgl. Sächsisch), am Wortende hart-stimmlos und mit zischendem Nachklang („sh“). **tuluttut** [duluddut^{sh}] *Englisch*
te, ti	te wie „ze“ in „Kat**ze**“, ti wie „zi“ in „**zie**hen“ **ateq** [azëq] *Namen,* **tii** [zii] *Tee*
ts	wie „z“ in „**z**ahlen“, „**Z**ucker“, ts zählt immer als Doppellaut **uatsi** [u-azi] *warte!*
v	wie „w“ in „**w**eich“, fast nur angedeutet **takuvunga** [dagu^{w}unga] *ich sehe*

Zwischen u *und* a *sowie* i *wird* v *nie geschrieben, aber oft angedeutet gesprochen. In dem Fall füge ich diesen Laut dem Schriftbild hinzu, töne aber den Farbwert ab:* takuvaa *„er sieht es“.*

Die Q-R-Regel

Wenn i oder u durch die Beugung direkt vor q oder r zu stehen kommen, werden sie ohne Ausnahme zu e bzw. o::

i + q = eq	**i + r = er**
u + q = oq	**u + r = or**

ini „Zimmer" + **-qarpa** „gibt es?":
ineqarpa (*QR!*) [inëqa^{r}bba]
Gibt es ein Zimmer?

ulu „Schabemesser" + **-qarpa** „gibt es?"
uloqarpa (*QR!*) [uloqa^{r}bba]
Gibt es Schabemesser?

Steht r vor einem anderen Konsonanten, wird dieser so ausgesprochen, als wäre er verdoppelt. Er wird aber nie doppelt geschrieben. Trotzdem ist das einer der häufigsten Rechtschreibfehler, und man findet z. B. *Narssaq *statt korrektem* Narsaq, *oder* *qarlliit *statt korrektem* qarliit *(Hose).*

Wenn bei eq, er, oq oder or das q bzw. r wegfällt oder durch einen anderen Mitlaut ersetzt wird, wird e wieder zu i, o wieder zu u:

eq - q = i	**er - r = i**
oq - q = u	**or - r = u**

qimmeq [qimmëq] „Hund" -t statt -q
qimmit (*QR!*) [qimmitt^{sh}] „Hunde"

piniartoq [pini-a^{r}ddoq] „Jäger" -p statt -q
piniartup (*QR!*) [pini-a^{r}ddubb] „des Jägers"

Im Grammatikteil mache ich auf solche Wechsel mit (*QR!*) aufmerksam.

Aussprache der Doppellaute & Betonung

Der Unterschied zwischen langen und kurzen Lauten ist bedeutungsunterscheidend und muss genau beachtet werden. Bei Vokalen kennen wir das: im Wort „Wal" ist a lang, in „Wall" dagegen kurz. Ähnlich die grönländischen Doppelmitlaute: Sie werden ohne abzusetzen länger angehalten, etwa wie im Deutschen „A**nn**ahme". Immuk „Milch" klingt etwa wie [immmug], issi „Kälte" wie [isssi]. Letzteres ist deutlich von isi [ißi] „Auge" unterscheidbar. Keinesfalls darf der Doppellaut zweimal hintereinander anklingen.

Auch bei mehreren langen Lauten nacheinander wird das Wort gedehnt gesprochen: imaluunniit [imaluhnnnihtsh] „oder", Nuummiinngaanniit [nuh-mmmih-nngah-nnnihtsh] „aus Nuuk". Das muss sein, auch wenn es unserem Sprachgefühl zuwiderläuft.

1. Lange Vokale sind betont: anaana, niisa, uunga.
2. Vokale vor Doppelmitlauten sind betont: atuakkat, immuk, piniartoq, uatsi.
3. In langen Wörtern, wo beides vorkommt, ziehen lange Vokale die Betonung auf sich, z. B. tusaavakkit.
4. Wörter mit nur kurzen Lauten betonen auf der drittletzten Silbe: takuvunga, naluara.
5. Wörter mit bis zu drei Silben und kurzen Lauten auf der letzten Silbe: uanga, uiga.

Die Länge der Laute und die Betonung sind eng miteinander verbunden. Im Sprechführer sind die betonten Silben unterstrichen, von denen es in einem Wort mehrere geben kann.

Das Grönländische verwischt Endsilben selten, meist wird relativ deutlich gesprochen. Anders als bei uns wird am Schluss eines Wortes oder Satzes die Stimme leicht angehoben. Sprechen Sie anfangs eher langsam und übertreiben Sie die Unterschiede zwischen langen und kurzen Lauten ein wenig. Die kurzen Laute sind eher kürzer als bei uns.

Wörter, die weiterhelfen

Für die folgenden Sätze brauchen Sie noch keine grammatikalischen Kenntnisse. Sie müssen lediglich die Wörter anstelle der drei Punkte einsetzen.

Utoqqatser|punga ...?
s.entschuldigen-ICH
Entschuldigung, ...?

Ikiu|laar|sinnaa|vinga?
helfen-wenig(BITTE)-können-DU_MIR?
Könnten Sie mir bitte mal helfen?

Naak nakorsaq?
wo_ist Arzt
Wo gibt es einen Arzt?

... su|mi|ip|pa?
was-in(LOK)-s.befinden-ES?
Wo ist ...?

nakorsaataarniarfik	eine Apotheke
napparsimmavik	ein Krankenhaus
kigutileriffik	ein Zahnarzt
tulattarfiliaq	die Anlegestelle
sutorniarfik	ein Café
tuperfik	ein Zeltplatz
timmisartoqarfik	der Flughafen
timmisartut mittarfiat	der Flugplatz
umiarsualivik	der Hafen

Kauderwelsch-AusspracheTrainer

*Falls Sie sich die wichtigsten grönländischen Sätze, die in diesem Buch vorkommen, einmal vom Autor gesprochen anhören möchten, kann Ihnen Ihre Buchhandlung den **AusspracheTrainer** zu diesem Buch besorgen. Sie bekommen ihn auch über unseren Internetshop **www.reise-know-how.de** Alle Sätze, die Sie auf dem **AusspracheTrainer** hören können, sind in diesem Buch mit einem gekennzeichnet.*

heliporti / mittarfik	der Hubschrauber-Landeplatz
hoteli	ein Hotel
politeeqarfik	eine Polizeistation
allakkerivik	ein Postamt
nerisarfik	ein Restaurant
taxa	ein Taxi
anartarfik	ein WC

Aqqusineq titarta|laar|uk.
Weg zeichnen-wenig(BITTE)-DU_IHN!
Könnten Sie mir den Weg kurz skizzieren?

Paasissutissa|nik sumut pi|sinnaa|vunga?
Informationen-INSTR(Mz) woher nehmen-können-ICH?
Wo bekomme ich Informationen?

Tulut|toor|sinnaa|so|qarpa?
Engländer-sprechen_wie-können-einer_der(NOM)-gibt_es?
Spricht hier jemand Englisch?

Ikiu|laa|nga / nutsi|laar|uk.
helfen-wenig(BITTE)-DU_MIR! / übersetzen-wenig(BITTE)-DU_DAS!
Können Sie mir helfen / dolmetschen?

... qaa|qqu|laar|uk.
... komm'-bitten-wenig(BITTE)-DU_IHN!
Holen Sie bitte ...

nakorsaq	... einen Arzt
politi	... die Polizei
tulut|toor|tar|toq	... jemanden, der Englisch kann

Baukasten I: Wie Grönländisch funktioniert

Herzstück des Grönländischen sind die Anhängesilben. Sie haben etwas von einem Baukastensystem an sich. Um Ihnen den Umgang damit zu erleichtern, unterteile ich die Erläuterungen in drei Teile. In diesem ersten Teil geht es um ganz Grundlegendes.

Die Anhängesilben (Suffixe)

Gehen wir die Sache einfach an. In Grönland finden Sie die Ortsnamen Qeqertarsuaq, Kangerlussuaq und Narsarsuaq. Ortsnamen haben oft eine Bedeutung, hier „große Insel", „großer Fjord" und „große Ebene". Sie vermuten richtig, dass „suaq" etwas mit „groß" zu tun hat.

Die zentrale Idee des Grönländischen ist: An ein Grundwort werden Suffixe angehängt, die es näher beschreiben oder aussagen, wer was wie damit tut. Manchmal entspricht einem Suffix im Deutschen ein Eigenschaftswort, ein Verb, oder gar halbe Sätze mit fein differenzierten Bedeutungen. Sie haben teilweise Nebenbedeutungen: +suaq bedeutet „groß", kann aber auch „negativ", „hässlich", „dumm" usw. mitbedeuten.

Das ist im Deutschen anders: ein Mann mit Bart ist bärtig, einer mit Brille aber nicht brillig! Deutsch lässt eben nicht jedes Suffix an jedem Wort zu.

Sie können also jedes Suffix an jedes Wort anhängen, da gibt es – außer vom entstehenden Sinn – kaum Beschränkungen.

Lautangleichung

Die Veränderung der Wörter beim Anfügen von Suffixen hat Methode: Wenn zwei verschiedene Mitlaute (z. B. g + l) aneinanderstoßen, verschwindet der erste, und der zweite wird verdoppelt. Deshalb entspricht „Iglu" im Grönländischen illu: das g ist zugunsten des Doppel-l verschwunden. Es gibt in grönländischen Wörtern keine zwei verschiedenen Mitlaute nacheinander mit Ausnahme von ts und den Verbindungen, in denen r *vor* anderem Mitlaut steht.

„Iglu" entspricht grönländisch illu

Ein Teil der Suffixe ruft beim Anfügen an den letzten Buchstaben diese Lautangleichung hervor.

Angleichende & abschneidende Suffixe

Es gibt zwei Arten von Suffixen:

1. Angleichende Suffixe: Sie gleichen den Mitlaut unmittelbar vor dem Suffix diesem an, Vokale werden davon nicht betroffen. Diese Suffixe kennzeichne ich mit „+":
+suaq „groß" ; +lu „und".

kuuk „Fluss" + **suaq**
= **kuus|suaq** „großer, breiter Fluss"
kangerluk „Fjord" + **suaq**
= **kangerlus|suaq** „großer, weiter Fjord"

kuuk + **lu** = **kuul|lu** „und ein Fluss"
kangerluk + **lu** = **kangerlul|lu** „und ein Fjord"

aber: **illu** „Haus" + **lu** = **illu|lu** „und ein Haus"
(mit einem l, da illu nicht auf Mitlaut endet)

Wie heißt „ein Fluss und ein Hund"? Richtig: kuuk qimmerlu, *denn auch hier wird* q *zu* r. *Versuchen Sie es mal mit „ein Fluss und ein großer Hund". Damit Sie nicht spicken, verstecke ich die Lösung irgendwo im Buch ....*

Nur -q wird bei Lautangleichung immer zu -r, der nachfolgende Mitlaut wird nur in der Aussprache verdoppelt:

qimmeq „Hund" + **suaq** = **qimmer|suaq**
[qimmëʳssu-aq] „großer (böser) Hund"

narsaq „Ebene" + **suaq** = **narsar|suaq**
[naʳssaʳssu-aq] „große, weite Ebene".

Welches Suffix angleichend oder abschneidend ist, muss leider für jedes dazugelernt werden.

2. Abschneidende Suffixe: Bei ihnen geht der Mitlaut unmittelbar vor dem Suffix ersatzlos verloren. Ich kennzeichne sie mit „-". Steht vor dem Suffix ein Vokal, bleibt dieser unangetastet. Dazu gehört z. B. -lik „versehen mit". Das geht so: nuliaq „Ehefrau" endet auf q. Dieses q fällt weg (nulia-), und -lik wird angefügt:
nulia- + **-lik** = **nulia|lik**
„mit einer Frau (verheiratet)".

Die A-Regel

Wird an kurzes a ein anderer Vokal angefügt, so wird dieser immer auch zu a.

So z. B. die Endung -uvoq „ist":
nuna „Land" + **uvoq** = **nuna|avoq** *(A!)*
„ist Land".

Darauf mache ich im Grammatikteil mit *(A!)* aufmerksam. Diese Regel gilt immer (mit einer einzigen Ausnahme, der Endung -ai, auf die wir noch kommen).

Alte & neue Rechtschreibung: *igdlu* & *illu*

1973 wurde in Grönland eine radikale Rechtschreibreform durchgesetzt. Seither wird Grönländisch so geschrieben, wie es ausgesprochen wird. In Karten z. B. aber stoßen Sie noch auf die alte Rechtschreibung. Deswegen eine kurze Bemerkung dazu. Die alte Rechtschreibung beruhte mehr auf grammatikalischen Zusammenhängen. Das hat zwar den Vorteil, dass manche Formen bei der Beugung leichter zu durchschauen sind, führt aber zu komplizierten Rechtschreibregeln. Vor allem die vielen gesprochenen Lautangleichungen werden nicht geschrieben.

Die wichtigsten Änderungen finden Sie in der Umschlagklappe.

Die grönländischen Wortarten

Grönländisch arbeitet im Wesentlichen mit Hauptwörtern und Verben. Dazu gibt es Fürwörter und Orts- und Zeitangaben. Eigenschaften werden von Suffixen, speziellen Verben und besonderen Verbformen ausgedrückt. Bindewörter wie „dass“, „weil“, „bevor“, „um zu“ usw. werden auch unter anderem durch besondere Verbformen ersetzt.

Im Folgenden kann ich nur auf Grundzüge der Beugung eingehen. Doppelformen und manche Unregelmäßigkeiten müssen unberücksichtigt bleiben. Ich gebe jeweils einige Beispiele der Beugung, soweit nötig. Eine vollständigere Übersicht finden Sie im Anhang.

Das Hauptwort: Die Klassen 1, 2 & 3

Hauptwörter haben weder Geschlecht noch Artikel. illu bedeutet „Haus“, „ein Haus“, oder „das Haus“. Hauptwörter können in der Grundform nur auf -a, -i, -u, -k, -q oder -t enden. Da sie sich bei der Beugung unterschiedlich verändern können, ist es zweckmäßig, sie in drei Klassen einzuteilen. Ich gebe für jedes Hauptwort die Klasse an, da diese an der Grundform nicht erkennbar ist.

Wozu die Klassen gut sind, darauf kommen wir nach und nach, da ich Ihnen nicht alles auf einmal vorsetzen möchte. Hier genügt erst einmal zu wissen: Wörter der Klassen 2 und 3 haben Endsilben (wie z. B. -gaq, -neq), die sich bei der Beugung und beim Anfügen von Suffixen immer in einer bestimmten Weise verändern. Bei der Klasse 1 gibt es keine solchen Endsilben und nur in einigen Fällen Veränderungen bei der Beugung.

Die Mehrzahlbildung auf *-t*

Die Endung für die Mehrzahl *(Mz)* ist -t, mit Bindevokal -it, und nach a steht -at *(A!)*. Ich verschone Sie mit Bildungsregeln der *Mz*, gebe Ihnen stattdessen immer die Grundform *Ez* und *Mz* an. Der Punkt „·“ zeigt, wo die *Mz*-Form angefügt wird. Der Wortteil links des Punktes bleibt in *Ez* und *Mz* gleich, z. B. illu-, arna-, inu- usw. Buchstaben rechts des Punktes,

z. B. bei arna·q, werden in der *Mz* durch die *Mz*-Endung ersetzt. Streicht man von der *Mz*-Form die Endung weg, erhält man den für die weitere Beugung benötigten Stamm. Die *Mz*-Endung kennzeichne ich mit dem Strich „|“:

Auf den ABH kommen wir gleich!

Grundform, *Mz*, Klasse	***Ez***	***Mz***	**Stamm**	***ABH Ez***
illu·, -t *1* „Haus“	**illu**	**illu|t**	**illu-**	**illu|p**
arna·q, -t *1* „Frau“	**arnaq**	**arna|t**	**arna-**	**arna|p**
inu·k, -it *1* „Mensch“	**inuk**	**inu|it**	**inu-**	**inu|up**
assa·k, -at *(A!) 1* „Hand“	**assak**	**assa|at** *(A!)*	**assa-**	**assa|ap** *(A!)*
angut·, -it 1 Mann	**angut**	**angut|it**	**angut-**	**angut|ip**

Bei Klasse 2 und 3 verändert sich die Endsilbe in der Mehrzahl immer, z. B. -gaq zu -kkat:

Grundform, *Mz*, Klasse	***Ez***	***Mz***	**Stamm**	***ABH Ez***
atua·gaq, -kka|t *2* „Buch“	**atuagaq**	**atuakka|t**	**atuakka-**	**atuakka|p**
na·noq,-nnu|t *2* „Eisbär“	**nanoq**	**nannu|t**	**nannu-**	**nannu|p**
a·teq, -qq|it *3* „Name“	**ateq**	**aqq|it**	**aqq-**	**aqq|up**
ka·mik,-mmi|t *3* „Stiefel“	**kamik**	**kammi|t**	**kammi-**	**kammi| p**
erne·q, -r|it *3* „Sohn“	**erneq**	**erner|it**	**erner-**	**erner|up**
qajaq, qaanna|t *2* „Kajak“	**qajaq**	**qaanna|t**	**qaanna-**	**qaanna|p**

Das letzte Beispiel qajaq ist eines der seltenen, wo sich das ganze Wort stärker verändert.

Abhängigkeitsfall auf *-p*

Die Hauptwörter bekommen je nach Funktion im Satz verschiedene Beugungsendungen. Der Abhängigkeitsfall *(ABH)* wird in zwei wichtigen Konstruktionen gebraucht. Zum einen entspricht er dem Wesfall (Genitiv), zum zweiten Anwendungsfall können wir erst später kommen. Sie können ihn aus der Mehrzahl erschließen, je nachdem, ob die Mz-Endung -t oder -it lautet. Deshalb habe ich ihn gleich oben mitangegeben:

Klasse 1
Ersetze *Mz*-t durch -p
Bei Wörtern auf -k: ersetze *Mz*-it durch -up
Bei Wörtern auf -t: ersetze *Mz*-it durch -ip
Klasse 2
Ersetze *Mz*-t durch -p
Klasse 3
Ersetze *Mz*-t durch -p
Ersetze *Mz*-it durch -up

illup des Hauses **angutip** des Mannes **qaannap** des Kajaks

Der Abhängigkeitsfall *Mz* ist gleich der Grundform *Mz*:

illut die Häuser *oder* der Häuser
angutit die Männer *oder* der Männer

Hängen Sie an -p oder -t dann noch +lu „und“ an, gleicht es ganz regulär die Endung an:

Nur der Zusammenhang lässt erkennen, was illullu *jeweils bedeutet.*

illut „Häuser“ + **lu** = **illullu** „und die Häuser“ *oder* „und der Häuser“
illup „des Hauses“ + **lu** = **illullu** „und des Hauses“

Dem Mann sein Hund: Besitz ausdrücken

Um Besitzverhältnisse auszudrücken, steht der Besitzer im Abhängigkeitsfall, und das Eigentum wird zusätzlich mit einer Endung für „sein, seine“ usw. markiert (für männliche und weibliche Besitzer gleich).

Besitz	ein Besitzer	mehrere Besitzer
ein Stück	**-a** sein	**-at** ihr
mehrere Stücke	**-i*** seine	**-i** (*nach* a: **-at**) ihre

**Nur in diesem einzigen Fall bleibt -i nach a erhalten: assa|i „seine Hände“.*

Bei Besitzverhältnissen lautet die *Mz*-Endung also nicht mehr -t, sondern -i oder -at.

		wörtl.:
angutip illu|a	das Haus des Mannes	*Mannes Haus-sein*
angutip illu|i	die Häuser des Mannes	*Mannes Haus-seine*
angutit illu|at	das Haus der Männer	*Männer Haus-ihr*
angutit illu|i	die Häuser der Männer	*Männer Haus-ihre*

Das geht auch mit Eigennamen:

Olip atuagai	Oles Bücher (*dem Ole seine Bücher*)	*Oles Buch-seine*
Mariap qimmii	Marias Hunde (*der Maria ihre Hunde*)	*Marias Hund-ihre*
Benedikt'ip qimmia	Benedikts Hund (*dem B. sein Hund*)	*Benedikts Hund-sein*

Bei nichtgrönländischen Namen auf Mitlaut wird immer 'ip mit Apostroph angehängt.

Mein & Dein: Besitzanzeiger

Beispiele dazu sind im Anhang. Dies sind die Besitzanzeiger der Grundform Ez und Mz, die des ABH erspare ich Ihnen.

Auch für besitzanzeigendes„mein“, „dein“, „unsere“ usw.gibt es Endungen, die für alle Hauptwörter fast gleich sind. Aber jede Klasse verhält sich anders beim Anfügen dieser Nachsilben. Da Grönländisch männlich und weiblich nicht unterscheidet, sind die Endungen für „sein“ natürlich auch für „ihr“ gültig.

Im Gegensatz zu den drei Personen Ein- und Mehrzahl, die das Deutsche kennt (ich / wir = 1. Pers., du / ihr = 2. Pers., er/sie/es, sie *(Mz)* = 3. Pers.), hat Grönländisch noch eine vierte. Sie bedeutet etwa „er, sie, es selbst“.

Eigentum *Ez*			***Mz***		***Ez***		***Mz***	
1. P.	**-ga (-ra)**	mein	**-kka**	meine	**-rput**	unser	**-vut**	unsere
2. P.	**-t**	dein	**-tit**	deine	**-rsi**	euer	**-si**	eure
3. P.	**-a**	dessen	**-i**	dessen	**-at**	deren	**-i (-at)**	deren
4. P.	**-ni**	sein eig.	**-ni**	seine eig.	**-rtik**	ihr eig.	**-tik (-sik)**	ihre eig.

Es wird genau unterschieden, ob jemand mit seinem eigenen Besitz etwas macht oder mit dem von jemand anderem, z. B.:

das Haus eines anderen

3. Person: **Illu-a.** (Er sieht) dessen Haus.
4. Person: **Illu-ni.** (Er sieht) sein *eigenes* Haus.

Die Formen in Klammern sind Nebenformen, die in bestimmten Fällen verwendet werden: -ra ist immer bei einer Grundform auf -q zu gebrauchen, -at statt -i für „deren“ wird immer nach -a verwendet *(A!)*, und -sik steht oft, aber leider nicht immer, nach -i.

Grundsätzlich gilt für alle Klassen: die Form für „dein" mit -t ist immer gleich der Mehrzahl. Somit hat illut drei Bedeutungen: „dein Haus", „die Häuser", „der Häuser" *(ABH Mz)*.

Besitzanzeiger bei Klasse 1

Fügt man die Besitzanzeiger an Wörter der Klasse 1, muss man den Endbuchstaben beachten. Die Besitzanzeiger verändern sich hier nach folgenden Regeln:

Wort endet auf ...	
-a, -i, -u	Endungen einfach anfügen und auf *(QR!)* achten.
-q	Endungen anstelle von -q anfügen. Für „mein" steht -ra.
-k	Endungen anstelle von -k anfügen. Für „dein" steht -it. „Unser", „euer" und „ihr eigener" lauten -pput, -ssi und -tsik.
-t	Vor allen Endungen einen Bindevokal einfügen: in der 3. Person -a-, sonst immer -i. Für „deren" steht Bindevokal a + -at, also -aat.

Manche Wörter auf -i wandeln dieses -i vor den Endungen der 3. Person zu -a:
ini „Zimmer": inaa „sein Zimmer", inaat „ihr Zimmer" und „ihre Zimmer".

Endet das Wort auf langen Vokal, wird vor einer Endung mit Vokal noch ein -v- eingeschoben: angajoqqaat „Eltern", angajoqqaavi „seine Eltern".

Wörter auf -t *fügen vor Suffixen bzw. Endungen immer einen Bindevokal ein. Dieser lautet* -i-, *wenn danach ein Konsonant angehängt wird. Deshalb fällt das* -t *vor abschneidenden Suffixen auch so gut wie nie weg:* angut + -gaa *wird zu* angut|i|gaa *„hat ihn zum Mann". Der Bindevokal lautet* -e- *vor* r *bzw.* q: angut + -rujussuaq *wird zu* angut|e|rujussuaq *„ein Riese von Mann". Und er lautet* -a-, *wenn danach ein Vokal eingefügt wird, der auch zu* a *wird:* angut + -uvoq *ergibt* angut|a|avoq *„ist ein Mann".*

Mein & Dein: Besitzanzeiger

Besitzanzeiger der Klassen 2 & 3

Eine vollständige Liste finden Sie im Anhang.

Bei Klasse 2 werden Endungen auf Vokal oder -r- an die Grundform der *Ez* gehängt (-q sowie -k fällt dabei weg), alle anderen Endungen kommen an den Stamm.

atuaga|ra mein Buch	**atuakka|kka** meine Bücher
atuakka|t dein Buch	**atuaga|i** jemand anderes Bücher

Bei Klasse 3 kommen die Endungen der 3. Person sowie -(i)t für „dein“ an den Stamm, die anderen an die Grundform (-q sowie -k fällt weg).

Wenn Sie das Buch gut durcharbeiten, finden Sie sicher den auffälligen Rechtschreibfehler auf dem unten abgebildeten Schild ... oder sehen Sie sich S. 48 noch einmal an!

ate|ra mein Name *(QR!)*	**aqq|a** dessen Name (3. Pers. *Ez*)
aqq|it dein Name	**ati|ni** sein eig. Name (4. Pers. *Ez*)

Parken vor den Containern verboten

Beugung der Hauptwörter

Ortsverhältnisse werden mit drei speziellen Fällen ausgedrückt:

Die Ortsfälle ±mi/ni, ±mut/nut & ±mit/nit

Ez	Mz		
±mi	**±ni**	in ... drin; an ... dran; bei; auf	*Lokativ (LOK)*
±mut	**±nut**	in ... hinein, zu ... hin	*Allativ (ALL)*
±mit	**±nit**	aus ... heraus, von ... weg; aus *(Material)*	*Ablativ (ABL)*

± bedeutet, dass ein Schluss-Mitlaut je nach Klasse abgeschnitten oder angeglichen wird. Hier kommen die drei Klassen also voll zur Geltung.

In der Klasse 1 gilt folgendes: An Vokale werden diese Endungen direkt angefügt; m- und n- gleichen immer das Schluss-k an, das dadurch selbst zu m bzw. n wird; das Schluss-t wird nur bei m- angeglichen, aber nie bei n-; das Schluss-q fällt in dieser Klasse weg.

	illu	**panik**	**angut**	**arnaq**
Ez	**illu|mi**	**panim|mi**	**angum|mi**	**arna|mi**
	im Haus	bei der Tochter	beim Mann	bei der Frau
Mz	**illu|ni**	**panin|ni**	**angut|ini**	**arna|ni**
	in Häusern	bei den Töchtern	bei Männern	bei Frauen

In Klasse 2 kommen diese Endungen immer an den Stamm.

Ez	**atuakka|mi**	im Buch
Mz	**atuakka|ni**	in Büchern

In Klasse 3 sind die Endungen immer angleichend: aus -k wird -m- bzw. -n-, aus -q wird -r.

-mi bedeutet sowohl „in dem" als auch „in einem". Das gilt für alle Endungen.

	ateq	kamik
Ez	**ater|mi**	**kamim|mi**
	im Namen	im / am Stiefel
Mz	**ater|ni**	**kamin|ni**
	in den Namen	in / an den Stiefeln

Ortsfälle werden auch bei Ortsnamen verwendet.

Nuum|mi in Nuuk
Nuum|mut nach Nuuk
Nuum|mit aus / von Nuuk

Der Wie-/Womitfall ±*mik/nik*

Der wichtige Fall Instrumental *(INSTR)* hat verschiedene Anwendungen. Er bezeichnet das, womit eine Handlung ausgeführt wird. Er wird wie die Ortsfälle angefügt: mik ist *Ez*, nik ist *Mz*.

Ez	**panim|mik**	**atuakka|mik**	**kamim|mik**
	mit der Tochter	mit dem Buch	mit dem Stiefel
Mz	**panin|nik**	**atuakka|nik**	**kamin|nik**
	mit den Töchtern	mit den Büchern	mit den Stiefeln

Der via-fall *-kkut/±tigut*

Der Vialis *(VIA)* bedeutet „via, über; hindurch", also einen Weg, den man nimmt oder eine genau umgrenzte Stelle, wo etwas stattfindet (z. B. wo genau soll ich unterschreiben, wo genau tut es weh).

Ez-Endung -kkut	*Mz*-Endung ±tigut
Klasse 1: an Grundform, -q / -k fallen weg	an Stamm
Nach -t wird Binde-i eingefügt: -ikkut	-itigut
Klasse 2: an Stamm	an Stamm
Klasse 3: an Grundform, -q / -k fallen weg	an Grundform, -q wird zu -r

Wörter auf -ik + tigut:	-issigut
Wörter auf -ak / -uk + tigut:	-atsigut / -utsigut

Die Mz-Endung +tigut *verschmilzt mit* -k.

matu· *1* „Tür"	**matu|kkut** durch die Tür / Türen	**matu|tigut**
seeqqo·q *1* „Knie"	**seeqqu|kkut** am Knie / den Knien *(z. B. Schmerzen)*	**seeqqutigut**
serme·q *3* „Gletscher"	**sermi|kkut** *(QR!)* über den / die Gletscher	**sermer|tigut**
umiarsua·q *3* „Schiff"	**umiarsua|kkut** per Schiff, Seepost	**umiarsuar|tigut**
Narsarsua·q *3* *(Ortsname)*	**Narsarsua|kkut** via Narsarsuaq	

Der so-wie-Fall ±*tut*

Dieser Fall Äqualis *(ÄQU)* ist in *Ez* und *Mz* immer gleich und bedeutet „so wie; als". Nach -i lautet er oft -sut. Im Übrigen wird ±tut wie ±tigut angefügt, verschmilzt also auch mit -k.

illu|tut wie ein Haus / Häuser	**ater|tut** wie ein Name / Namen
panis|sut als Tochter / Töchter	**inut|tut** wie ein Mensch / Menschen

Mit +lu „und" daran angefügt können Sie Ihren ersten grönländischen Wortbandwurm bilden: Danmarkimisullu „und wie in Dänemark". Gar nicht so schwer, oder?

-tut kann auch an andere Fallendungen angefügt werden:

Danmarkimi	**Danmarkimisut**
in Dänemark	wie in Dänemark

Der Äqualis wird bei Sprachbezeichnungen verwendet:
kalaaleq „Grönländer" + **-tut**: **kalaalli|sut** *(QR!)* „wie ein Grönländer, grönländisch".

Besitzanzeiger + *ni/nut/nit/nik*

Teilweise werden andere Besitzanzeiger eingeschoben: -mi- für „sein eigener", -tsi- für „unser". Ez und Mz sind nur in der 3. Person unterscheidbar.

Besitzanzeiger können mit Beugungsendungen kombiniert werden, also z. B. illuga „mein Haus" + ni „in" = „in meinem Haus". *Ez* und *Mz* verwenden beide +ni / nut / nit / nik. Ich zeige Ihnen das nur für Wörter der Klasse 1 auf Vokal und stellvertretend anhand von +ni. Diese Konstruktion wird später für Ortsangaben zentral wichtig.

+ni gleicht die Besitzanzeiger an, dadurch entstehen einige mehrdeutige Formen.

illu Haus	**illut** Häuser
illu|nni in meinem Haus	**illu|nni** in meinen Häusern
illu|nni in deinem Haus	**illu|nni** in deinen Häusern
illu|ani in dessen Haus	**illu|ini** in dessen Häusern
illu|mini in seinem eigenen Haus	**illu|mini** in seinen eig. Häusern
illu|tsinni in unserem Haus	**illu|tsinni** in unseren Häusern
illu|ssinni in eurem Haus	**illu|ssinni** in euren Häusern
illu|anni in deren Haus	**illu|ini** in deren Häusern
illu|minni in ihrem eigenen Haus	**illu|minni** in ihren eig. Häusern

In Klasse 2 und 3 sowie bei Wörtern auf Mitlaut gibt es verschiedene Angleichungen. Da dies allerdings nach festen Regeln passiert, können Sie das aus der Beispieltabelle im Anhang abschauen. Wenn Sie z. B. die Formen für panik kennen, können Sie sie auch auf orpik „Baum" aus derselben Klasse anwenden.

Für die anderen Fälle ersetzen Sie einfach -(n)ni *durch* -(n)nut, -(n)nit *usw.*

Grönland & grönländisch

Nun können wir verstehen, was der Landesname Kalaallit Nunaat wirklich bedeutet:
kalaa•leq, -llit *2* „Grönländer", nuna•, -t *1* „Land"
Kalaallit Nunaat ist „der Grönländer ihr Land".

Meist bezeichnen Grönländer ihr Land untereinander als nunarput „unser Land". Deswegen heißt „in Grönland" oft auch nunatsinni „in unserem Land", „nach Grönland" nunatsinnut „in unser Land" usw.

„Grönländisch" wird je nach Kontext verschieden übersetzt. Für die Sprache oder „nach Grönländer-Art" steht kalaallisut „wie Grönländer". Bedeutet es hingegen „in Grönland befindlich", wird an Grönländer gerichtet nunatsinni „in unserem Land" gebraucht oder Kalaallit Nunaanni „in der Grönländer ihrem Land", wenn man auch das Ausland im Blick hat.

Boote am Hafen von Narsaq

Verben

Für richtige Sätze brauchen wir die Verben. Sie sind viel regelmäßiger als die Hauptwörter, und in einiger Hinsicht genauer als deutsche Verben.

Die drei Verbstämme

Die Verben werden in drei Klassen von Stämmen eingeteilt, was für die Beugung und das Anfügen der Suffixe wichtig ist. Den Verbstamm erhält man durch Streichen der letzten drei Buchstaben der Nennform:

Nennform	Stamm	
aperi|voq	**aperi-**	endet auf Vokal = V-Stamm
sinip|poq	**sinip-**	endet auf Konsonant = K-Stamm
atuar|poq	**atuar-**	endet auf r = R-Stamm

In Zweifelsfall wird ein Verb sogar eher als Vergangenheitszeitform verstanden, d. h. als ein Zustand oder als das Ergebnis einer Handlung, die bis zur Gegenwart reicht.

Grönländisch kommt ohne eine Grundform (Infinitiv, z. B. „fragen", „lesen") aus. Als Nennform wird in den Wörterbüchern die Form für die 3. Person *Ez* „er / sie / es" angegeben. Ohne zusätzliche Suffixe drücken die Verben in allen Personen die Gegenwart und die Vergangenheit aus:

aperivoq er / sie / es fragte *bzw.* fragt
sinippoq er / sie / es schlief *bzw.* schläft
atuarpoq er / sie / es las *bzw.* liest

Die Vergangenheit-Gegenwart

Verben werden gebeugt nach dem Muster „ich gehe, du gehst, er geht" usw. Die dafür benötigten Endungen sind für alle Verben eines Stammes jeweils gleich.

Person	V-Stamm	K-Stamm	R-Stamm	
ich	**aperi|vunga**	**sinip|punga**	**atuar|punga**	fragte, schlief, las
du	**aperi|vutit**	**sinip|putit**	**atuar|putit**	fragtest, schliefst, last
er/sie/es	**aperi|voq**	**sinip|poq**	**atuar|poq**	fragte, schlief, las
wir	**aperi|vugut**	**sinip|pugut**	**atuar|pugut**	fragten, schliefen, lasen
ihr	**aperi|vusi**	**sinip|pusi**	**atuar|pusi**	fragtet, schlieft, last
sie *Mz*	**aperi|pput**	**sinip|put**	**atuar|put**	fragten, schliefen, lasen

Persönliche Fürwörter (ich, du, wir usw.) sind nicht zusätzlich nötig, da ihre Bedeutung in der Endung immer mitenthalten sind.

Atuar|pugut.
lesen-WIR
Wir lasen *oder* lesen.

Aperi|vusi.
fragen-IHR
Ihr fragtet *oder* fragt.

Ich gebe nur die Übersetzung in der Vergangenheit an, aber alle Formen können auch als gegenwärtig übersetzt werden, z. B. „ich frage, schlafe, lese"...

Die Frageform

Im Gegensatz zum Deutschen wird hier die Stimme am Satzende gesenkt.

In Fragen braucht man außer in der 1. Person *Ez* und *Mz* spezielle Formen.

Person	V-Stämme	K-Stämme	R-Stämme	
du	**aperi|vit?**	**sinip|pit?**	**atuar|pit?**	fragtest, schliefst, last?
er *usw.*	**aperi|va?**	**sinip|pa?**	**atuar|pa?**	fragte, schlief, las?
ihr	**aperi|visi?**	**sinip|pisi?**	**atuar|pisi?**	fragtet, schlieft, last?
sie *Mz*	**aperi|ppat?**	**sinip|pat?**	**atuar|pat?**	fragten, schliefen, lasen?

Ich werde ab jetzt je nach Sinnzusammenhang nur mit einer der beiden Möglichkeiten übersetzen.

Oli sinip|pa?	**Suu, sinip|poq.**
Ole schlafen-ER?	*ja schlafen-ER*
Schläft / Schlief Ole?	Ja, er schläft / schlief.

Unbestimmte Satzergänzung mit ±*mik*/±*nik*

Bei einer bestimmten Satzergänzung steht im Deutschen der bestimmte Artikel „den, die, das": „Er sah den Hund, die Eisbären" usw. Einen Artikel gibt es im Grönländischen aber nicht. Um eine nun eine bestimmte Satzergänzung ausdrücken zu können, müssen wir noch etwas ausholen.

Der Aufbau eines grönländischen Satzes hängt allein davon ab, ob das Ziel der Handlung (Objekt) bestimmt ist oder nicht. Das ist der Auftritt des Instrumental: Bezieht sich eine Handlung auf etwas Unbestimmtes – im Deutschen steht dann „ein, eine" oder gar nichts dabei –, dann steht dieses Unbestimmte im Instrumental. Er bedeutet dann nicht mehr „mit", sondern eben „einen, eine, ein".

Qimmi|mik taku|vunga.
Hund-INSTR sehen-ICH
Ich sah einen Hund.

Nannu|nik taku|vugut.
Eisbär-INSTR(Mz) sehen-WIR
Wir sahen Eisbären.

Zielende & nichtzielende Verben

„Ich leihe es" ist ein korrekter Satz.

Der Unterschied zwischen „zielend" und „nichtzielend" ist für Grönländisch fundamental wichtig. Zielende (transitive) Verben haben immer eine Satzergänzung nach sich, die das Ziel der Handlung beschreibt. So sind „leihen"oder „sehen" zielend, da sie z. B. mit „es" ergänzt werden können.

Nichtzielende (intransitive) Verben stehen dagegen alleine, ohne „es“ (oder andere Ergänzung) danach: „schlafen“ oder „wohnen“ sind nichtzielend, da „ich schlafe es“ Unsinn ist.

Man kann zwar sagen „Ich sehe“, aber dabei wird das eigentlich zielende Verb nichtzielend gebraucht. Auch das ist möglich; wir kommen darauf noch zurück.

Zielende Verben haben für alle Personen einen ganz eigenen Satz von Endungen. Sie gehören ebenfalls immer zu einem der drei Verb-stämme. In den Wörterlisten werden sie je nach Stamm mit -(v)aa, -ppaa oder -rpaa angegeben.

neri|vaa	V-Stamm	aß ihn / sie / es
taku|vaa	V-Stamm	sah ihn / sie / es
naapip|paa	K-Stamm	begegnete ihm / ihr
atuar|paa	R-Stamm	las ihn / sie / es

v fällt zwischen u und a aus, es bleibt aber dennoch ein V-Stamm.

Die zielende Verbform sagt aus, wer wem etwas tut. Sie enthält untrennbar je nach Bedeutung „ihm, ihr“ (deutscher Wemfall) oder „ihn, sie, es“ (deutscher Wenfall), oder es entspricht sogar mehreren Wörtern im Deutschen, z. B. saneqqup|paa „er geht seitlich an ihm vorbei“.

An den zielenden Endungen ist erkennbar, ob eine Person handelt oder mehrere, und gleichzeitig ob ein Ziel oder mehrere davon betroffen sind:

ein Ziel	mehrere Ziele	
neri|vaa	**neri|vai**	*ein Handelnder*
er aß es	er aß sie *(Mz)*	
neri|vaat	**neri|vaat**	*mehrere Handelnde*
sie aßen es	sie aßen sie *(Mz)*	

Um ein zielendes Verb nichtzielend zu machen, bekommt es meist -i- *oder* -si- *(etwas) eingeschoben, z. B.* tuni|vaa *„verkauft es“,* tuni|si|voq *„verkauft etwas“.*

Viele Verben können zwischen zielend und nichtzielend wechseln, aber nicht alle. Um ein nichtzielendes Verb, z. B. atuarpoq „liest“, zielend zu machen, ersetzt man die nichtzielende Endung durch die zielende: atuarpaa „liest es“.

Die bestimmte Satzergänzung

Zurück zur bestimmten Satzergänzung mit ihrem bestimmten Artikel im Deutschen, z. B. „er sieht den Hund, den Eisbären“ usw. Da Grönländisch weder Wem- noch Wenfall hat, steht die bestimmte Satzergänzung in der Grundform, also in der *Ez* ohne Endung (z. B. qimmeq), in der *Mz* mit der normalen *Mz*-Endung (z. B. qimmit). Das dazugehörige Verb steht in der zielenden Form. Dabei muss man aufpassen: Ist die Satzergänzung in der *Ez*, muss auch diejenige zielende Form gewählt werden, die sich auf nur ein Ziel bezieht (z. B. -vaa, -vaat aus Spalte 1 oben). Steht sie in der *Mz*, muss auch die Endung für mehrere Ziele gewählt werden (z. B. -vai, -vaat)

In einem Satz mit zielender Verbform bezeichnet die Grundform des Verbs das Ziel (Objekt) dieser Handlung, nie den Handelnden (Subjekt). Die Bestimmtheit des Zieles wird nur durch seine Wiederaufgreifung in Gestalt der zielenden Endung angezeigt.

Qimmeq taku|vaa.	**Qimmi|t taku|vai.**
Hund sehen-ER_IHN	*Hund-Mz sehen-ER_SIE*
Er sah den Hund.	Er sah die Hunde.
(„Hund er sah ihn“)	*(„Hunde er sah sie“)*

Damit der Unterschied ganz klar wird, gebe ich noch einmal Sätze mit einer unbestimmter Satzergänzung auf +mik an. Bei unbestimmter Satzergänzung stehen immer die nichtzielenden Verbformen. Hier bezeichnet die Grundform nicht (wie im bestimmten Fall) das Handlungsziel – das wird ja mit +mik (INSTR) bezeichnet –, sondern den Handelnden, also hier z. B. angut:

Angut qimmi|mik taku|voq.
Mann Hund-INSTR sehen-ER
Der Mann sah den Hund.

Nannu|mik taku|pput.
Eisbär-INSTR sehen-SIE
Sie sahen den Eisbären.

Sehr wichtig: Bei bestimmter Satzergänzung steht der Handelnde (das Subjekt) immer im Abhängigkeitsfall. Die Grundform ist ja bereits für das Handlungsziel reserviert.

Angut|ip qimmeq taku|vaa.
Mann-ABH Hund sehen-ER_IHN
Der Mann sah den Hund.

Angut|it nanoq taku|vaat.
Mann-ABH(Mz) Eisbär sehen-SIE_IHN
Die Männer sahen den Eisbär.

Diese für uns ungewohnte Konstruktion kommt in ähnlicher Weise in einigen Sprachen (z. B. Baskisch) vor und heißt Ergativ.

Der Abhängigkeitsfall entspricht beim zielenden Verb dem deutschen Werfall (Nominativ). Nur wenn das grönländische Verb nichtzielend ist, wird der deutsche Werfall im Grönländischen mit der Grundform wiedergegeben.

Eine gewisse Ähnlichkeit besteht hier auch zu unserer Leideform (Passiv): „Der Hund wird vom Mann gesehen.“ Allerdings benutzen wir das Passiv meist nur aus stilistischen u. ä. Gründen, während die Ergativkonstruktion im Grönländischen der absolute Normalfall ist.

Die bestimmte Satzergänzung

Handelnder (Subjekt)	Ziel (Objekt)	Verb
bestimmt *oder* unbestimmt:	unbestimmt:	
in Grundform	mit +mik / +nik	nichtzielende Form
angut	**qimmi|mik**	**takuvoq**
der Mann / ein Mann	*ein Hund-INSTR*	*er sah*
bestimmt:	bestimmt:	
in *ABH*-Fall	in Grundform	zielende Form
angut|ip	**qimmeq**	**takuaa**
der Mann-ABH	*der Hund*	*er sah ihn*

Bisher haben wir nur die zielenden Endungen der 3. Person behandelt. Es gibt sie auch für die 1. und 2. Person, sowie für die 2. Person spezielle Frageformen, hier am Beispiel von nerivaa „er aß es".

	ihn / sie (*Ez*) / es	sie (*Mz*)	ihn / sie / es?	sie?
ich aß...	**neri|vara**	**neri|vakka**		
du aßest ...	**neri|vat**	**neri|vatit**	**neri|viuk?**	**neri|vigit?**
er/sie/es aß ...	**neri|vaa**	**neri|vai**		
wir aßen ...	**neri|varput**	**neri|vavut**		
ihr aßt ...	**neri|varsi**	**neri|vasi**	**neri|visiuk?**	**neri|visigik?**
sie aßen...	**neri|vaat**	**neri|vaat**		

Bei den K-Stämmen steht -pp- statt -v-: z. B. naapip|parput „wir trafen ihn", und bei den R-Stämmen -rp-: atuar|para „ich las es", atuar|pakka „ich las sie" usw. Sonst sind die Endungen für alle Verben gleich.

Qimmeq taku|vara.	**Qimmi|t taku|vakka.**
Hund sehen-ICH_IHN	*Hund-Mz sehen-ICH_SIE*
Ich sah den Hund.	Ich sah die Hunde.

Nanoq taku|varput.	**Nannu|t taku|vavut.**
Eisbär sehen-WIR_IHN	*Eisbär-Mz sehen-WIR_SIE*
Wir sahen den Eisbären.	Wir sahen die Eisbären.

Bei allen Personen außer der 2. sind die Frageformen wie die Aussageformen.

Tuttu taku|viuk?	**Tuttu taku|vaa?**
Rentier sehen-DU_ES?	*Rentier sehen-ER_ES?*
Sahst du das Rentier?	Sah er das Rentier?

Die Zukunft mit -ssa-

Zukünftige Handlungen *(ZUK)* müssen mit eigenen Endungen gekennzeichnet werden. Da ist Grönländisch sehr genau, sonst kann es zu Missverständnissen kommen. Sie schneiden den letzten Mitlaut vom Stamm ab, sind für alle Verben aber gleich.

1. *Ez*	**aperi|ssaanga**	ich werde fragen
2. *Ez*	**aperi|ssaatit**	du wirst fragen
3. *Ez*	**aperi|ssaaq**	er / sie / es wird fragen
1. *Mz*	**aperi|ssaagut**	wir werden fragen
2. *Mz*	**aperi|ssaasi**	ihr werdet fragen
3. *Mz*	**aperi|ssapput**	sie werden fragen

2. *Ez*	**sini|ssavit?**	wirst du schlafen?
3. *Ez*	**sini|ssava?**	wird er schlafen?
2. *Mz*	**sini|ssavasi?**	werdet ihr schlafen?
3. *Mz*	**sini|ssappat?**	werden sie schlafen?

Die 2. und 3. Person haben eigene Frageformen.

Um die zielenden Formen der Zukunft zu bilden, kombinieren Sie bei allen Verben die zielende Endung (siehe oben z.B. vara, vat, vaa) mit -ssa-, z. B.:

<table>
<tr><td>neri|ssavara</td><td>ich werde es essen</td></tr>
<tr><td>atua|ssavara</td><td>ich werde sie lesen</td></tr>
<tr><td>naapi|ssavarput</td><td>wir werden ihn treffen</td></tr>
<tr><td>atua|ssavisiuk?</td><td>werdet ihr sie lesen?</td></tr>
</table>

Die -ssa-Form bedeutet auch „soll", so heißt z. B. der erste Satz gleichzeitig: „Wir sollen im Zelt schlafen".

Tuper|mi sini|ssa|agut.
Zelt-im(LOK) schlafen-ZUK-WIR
Wir werden (sollen) im Zelt schlafen.

Angallat aqagu tiki|ssa|aq.
Schiff morgen kommen-ZUK-ES
Das Schiff wird morgen kommen.

Verneinung mit -nngila-

Die Verneinung ist ein abschneidendes Suffix, dessen Endungen für alle Verben gleich sind.

<table>
<tr><td>1. Ez</td><td>aperi|nngilanga</td><td>ich frage nicht</td></tr>
<tr><td>2. Ez</td><td>aperi|nngilatit</td><td>du fragst nicht</td></tr>
<tr><td>3. Ez</td><td>aperi|nngilaq</td><td>er / sie / es fragt nicht</td></tr>
<tr><td>1. Mz</td><td>aperi|nngilagut</td><td>wir fragen nicht</td></tr>
<tr><td>2. Mz</td><td>aperi|nngilasi</td><td>ihr fragt nicht</td></tr>
<tr><td>3. Mz</td><td>aperi|nngillat</td><td>sie fragen nicht</td></tr>
</table>

Nur die 3. Person *Ez* hat in der verneinten Frage eine eigene Form, in der -q wegfällt: sininngila? „Schläft er nicht?"

neri|nngilara	ich aß es nicht
atua|nngilara	ich las sie nicht
naapi|nngilarput	wir trafen ihn nicht
atua|nngilisiuk?	last ihr sie nicht?

Bei den zielenden Formen werden -va-, -ppa- *und* -rpa- *durch* -nngila- *ersetzt.*

Tuper\|mi sini\|nngila\|gut.
Zelt-im(LOK) schlafen-nicht-WIR
Wir schliefen nicht im Zelt.

Atuagaq atua\|nngila\|ra.
Buch lesen-nicht-ICH_ES
Ich habe das Buch nicht gelesen.

Alle diese Formen können Sie auch problemlos in die Zukunftsform setzen, indem Sie vor -nngila- noch -ssa- einfügen.

Angallat aqagu tiki\|ssa\|nngila\|q.
Schiff morgen kommen-ZUK-nicht-ES
Das Schiff wird morgen nicht kommen.

Ein sehr wichtiges Verb ist naluvaa „er weiß es nicht". Positives „wissen" wird durch dessen verneinte Form ausgedrückt:

nalu\|nngila\|ra
nicht_wissen-GEGENTEIL-ICH_ES
Ich weiß es.

Der Satzkern

Grönländische Sätze können immer nur ein Verb mit einer der zielenden oder nichtzielenden Endungen, die oben angeführt sind, enthalten. Das ist der wichtige Satzkern, der festlegt, wer die zentrale handelnde Person ist (= Subjekt des Satzes). Das hat Bedeutung, wenn mehr als ein Verb in einem Satz notwendig wird.

Ausdruck von Eigenschaften

Eigenschaften wie „gut“, „klein“, „hölzern“, „grönländisch“ werden auf verschiedene Weise ausgedrückt. Grundsätzlich stehen sie nach dem Hauptwort.

Zum einen können Hauptwörter als Eigenschaftswörter verwendet werden, mit oder ohne ±mit:

angut utoqqaq	**ukkusissa|mit sanaaq**
Mann alter_Mensch	*Speckstein-aus(ABL) Produkt*
alter Mann	Specksteinerzeugnis

Dann gibt es Eigenschaftssuffixe: z. B. -suaq „groß“ oder -nnguaq „klein, lieb, positiv“.

qimi|nnguaq
Hund-klein
ein kleiner Hund.
(niedlich)

Kunu|nnguaq
Kunuk-klein
der liebe Knud
(Rasmussen)

So wird der berühmte Polarforscher Knud „Kunuk" Rasmussen heute noch genannt.

Die größte Bedeutung haben jedoch die Eigenschaftsverben.

Eigenschaftsverben

Eigenschaftsverben unterscheiden sich in nichts von den bisher behandelten Verben. In ihnen ist eine bestimmte Eigenschaft sowie „ich bin, du bist, er ist ..." usw. enthalten.

angivoq	ist groß
aappaluppoq	ist rot
kusanarpoq	ist schön

Sie werden gebeugt wie nichtzielende Verben, mit Verneinung, Frageformen, Zukunft usw.

Qimmeq angi|voq.
Hund groß_sein-ER
Der Hund ist groß.

Tupe|rput miki|voq.
Zelt-unser klein_sein-ES
Unser Zelt ist klein.

Qasu|vit?
müde_sein-DU?
Bist du müde?

Qimmi|t qasu|nngilla|t?
Hund-Mz(QR!) müde_sein-nicht-SIE?
Sind die Hunde nicht müde?

Ausdruck von Eigenschaften

Für „ist gut“ gibt es kein eigenes Wort. Man verwendet verneintes ajorpoq „ist schlecht“.

Aju|nngila|q.
schlecht_sein-GEGENTEIL-ES
Es ist gut.

Das bedeutet also nicht nur „das ist nicht schlecht“, sondern wirklich „das ist gut“.

Aqagu sila aju|ssa|nngila|q.
morgen Wetter schlecht_sein-ZUK-GEGENTEIL-ES
Morgen wird es gutes Wetter.

Eigenschaftsnomen auf *-toq*

Eigenschaftsverben können nicht ohne das mitverstandene „bin, bist, ist ...“ usw. stehen. Vergleichen Sie:

Das Zelt *ist* klein = **Tupeq mikivoq.**
Das kleine Zelt = **Tupeq ...** ??

mikivoq *kann man hier nicht setzen!*

Sie ahnen es vermutlich: In dieser Funktion direkt am Hauptwort (attributiv) ohne das verbindende Wort „ist“ benötigt das Eigenschaftsverb eine andere Endung.

<table>
<tr><td>V-Stamm</td><td>miki|voq</td><td>ist klein</td><td>miki|soq</td><td>klein</td></tr>
<tr><td>K-Stamm</td><td>aappalup|poq</td><td>ist rot</td><td>aappalut|toq</td><td>rot</td></tr>
<tr><td></td><td>oqimaap|poq</td><td>ist schwer</td><td>oqimaa|tsoq</td><td>schwer</td></tr>
<tr><td></td><td>pikkorip|poq</td><td>ist tüchtig</td><td>pikkoris|soq</td><td>tüchtig</td></tr>
<tr><td>R-Stamm</td><td>ajor|poq</td><td>ist schlecht</td><td>ajor|toq</td><td>schlecht</td></tr>
</table>

-nngilaq	ajunngilaq ist gut	-nngitsoq	ajunngitsoq gut
-ssaaq	mikissaaq wird klein sein	-ssasoq	mikissasoq ein zukünftig kleines

V- und R-Stamm haben bis auf wenige Ausnahmen eine Endung (-soq bzw. -toq), der K-Stamm drei mögliche Endungen (-ttoq, -tsoq, -ssoq). Einige haben außerdem langes -oo-, welches ausdrückt, dass die genannte Eigenschaft in hohem Maße vorhanden ist: puala|sooq „dick, fett".

Ich gebe die Endung für jedes Verb mit an.

Die Bedeutung dieser (abkürzend so genannten) -toq-Form ist „jemand / etwas mit dieser Eigenschaft". Sie ist etwas ähnliches wie ein Hauptwort, kann aber noch mehr als das. Ich nenne ich sie etwas vereinfacht Eigenschafts-Nomen *(NOM)*.

Eigenschaftsnomen werden wie Hauptwörter der Klasse 1 gebeugt (QR!). Sie stimmen in Zahl und Fall mit dem zugehörigen Hauptwort überein.

tupeq miki|soq	**illu angi|sooq**
Zelt klein_sein-NOM	*Haus groß_sein-NOM*
das kleine Zelt	das große Haus

Steigern & Vergleichen

Das Eigenschaftsverb kann auch gesteigert werden. Grönländisch unterscheidet am Eigenschaftsverb nicht sauber zwischen der ersten Steigerungsstufe („größer") und der zweiten („am größten"). Beide werden mit dem Verbsuffix +neruvoq „ist mehr" gebildet.

Steigern & Vergleichen

V-Stamm	**portu|voq** ist hoch	**portu|neruvoq** ist höher, am höchsten
K-Stamm	**pikkorip|poq** ist tüchtig	**pikkorin|neruvoq** ist tüchtiger, am tüchtigsten
R-Stamm	**ajor|poq** ist schlecht	**ajor|neruvoq** ist schlechter, am schlechtesten

Oqaluf|fik portu|neru|voq.
sprechen-ORT hoch_sein-mehr_sein-SIE
Die Kirche ist höher *oder* am höchsten.

Aqagu sila ajor|neru|ssaa|q.
morgen Wetter schlecht_sein-mehr_sein-ZUK-ES
Das Wetter wird morgen schlechter sein.

Die -toq-Form wird gesteigert, indem ihre jeweilige Endung (-toq, -soq, -sooq usw.) durch +neq (Klasse 3) ersetzt wird. Die Endung +neq entspricht nur der zweiten Steigerungsform.

V-Stamm	**portu|sooq** hoch	**portu|neq** der höchste
K-Stamm	**pikkoris|soq** tüchtig	**pikkorin|neq** die tüchtigste
R-Stamm	**ajor|toq** schlecht	**ajor|neq** das schlechteste

Qaqqaq portu|neq taku|vara.
Berg hoch_sein-MEIST sehen-ICH_IHN
Ich sehe den höchsten Berg.

Einen Vergleich drückt ±mit aus, das hier „als" entspricht.

Ujarak qisu|mmit oqimaan|neru|voq.
Stein Holz-als(ABL) schwer_sein-mehr_sein-ER
Stein ist schwerer als Holz.

Eigenschaftsverb	-toq-Form	Steigerung mit +neq	
ajunngilaq	**ajunngitsoq**	**ajunnginneq**	gut
angivoq	**angisooq**	**anneq**	groß
mikivoq	**mikisoq**	**minneq**	klein
takivoq	**takisooq**	**tanneq**	lang
utoqqa|avoq *(A!)*	**utoqqaq***	**utoqqaaneq**	alt *(Lebensalter)*
nuta|avoq *(A!)*	**nutaaq***	**nutaaneq**	neu
qorsu|uvoq	**qorsuk***	**–**	grün

Die mit * gekennzeichneten Eigenschaftswörter sind ausnahmsweise keine Verben, sondern werden mit -uvoq „ist" erst dazu gemacht. Sie haben auch keine echte -toq-Form.

Oben steht eine Übersicht über die wenigen unregelmäßig gesteigerten Eigenschaftsverben.

Umstandswörter

Um auszudrücken, wie eine Handlung verläuft (z. B. „geht schnell", „spricht langsam") werden Umstandswörter verwendet. Sie werden aus der -toq-Form mit -mik gebildet.

arriip|poq	etwas langsam tun	*Verb*
arrii|tsoq	langsam	*Eigenschaftswort*
arrii|tsu|mik *(QR!)*	langsam	*Umstandswort*

Arrii\|tsumik oqalup\|poq.
langsam_tun-UMST sprechen-ER
Er spricht langsam.

arriin\|nerusumik
langsamer *(Umst.)*

Adverbien werden mit +nerusumik *gesteigert.*

Vielseitige -toq-Form

-toq-Form: ...-end; der, welcher; dass

Die -toq-Form ist ein genialer Baustein mit sehr weiter Ausdrucksmöglichkeit und taucht fast in jedem zweiten Satz auf. Sie wird auch von Verben gebildet, die Tätigkeiten beschreiben (Tätigkeitsverben), und bedeutet „jemand / etwas, der / das ... tut“. Sie wird je nach dem Satzzusammenhang verschieden übersetzt.

Zum einen entstehen dadurch ganz neue Wörter:

uuma|voq	**uuma|soq**
er / sie / es lebt	Tier *(das Lebende)*

Berufsbezeichnungen werden in aller Regel so gebildet.

iffior|poq	**iffior|toq**
er bäckt	Bäcker(in)

Oft entspricht ihr unser Gegenwarts-Partizip auf „-end“:

atuar|poq	**atuar|toq**
sie liest	lesend; Schüler(in); Leser(in)

Atuar|toq siniler|poq.
lesen-...end(NOM) einschlafen-ER
Der Schüler ist eingeschlafen.
oder: Der Leser ist eingeschlafen.

Hoffentlich nicht?!

Angut atuar|toq siniler|poq.
Mann lesen-...end(NOM) einschlafen-ER
Der lesende Mann ist eingeschlafen.

Der zweite Satz heißt auch „Der Mann, der las, ist eingeschlafen“. Die -toq-Form entspricht oft den deutschen Relativsätzen (nach dem Muster „der Mann, der ...“ bzw. „die Frau, die ...“ usw.).

<table>
<tr><td>tiki|ppoq</td><td>ist gekommen</td></tr>
<tr><td>tiki|ttoq</td><td>der / die gekommen ist</td></tr>
<tr><td>illusiniar|poq</td><td>möchte ein Haus kaufen</td></tr>
<tr><td>illusiniar|toq</td><td>der / die ein Haus kaufen will</td></tr>
</table>

Angut Nuum|miit tiki|ttoq naapip|para.
Mann Nuuk-aus(ABL) gekommen_sein-der(NOM) treffen-ICH_IHN
Ich habe den Mann getroffen, der aus Nuuk gekommen ist.

Angut sisa|mut ater|toq taku|vaa.
Mann Strand-zu(ALL) hinuntergehen-der(NOM) sehen-ER_IHN
Er sah den Mann, der zum Strand hinunterging. *oder*
Mann Strand-zu(ALL) hinuntergehen-dass(NOM) sehen-ER_ES
Er sah, dass der Mann zum Strand hinunterging.

Die toq-Form entspricht auch oft deutschem „dass“:

Der letzte oben angeführte Beispielsatz hat deshalb zwei WfW-Zeilen, weil er auf zweierlei Weise übersetzt werden kann.

Angallat ullumi tiki|ttoq nalu|nngila|ra.
Schiff heute gekommen_sein-dass(NOM) nichtwissen-GEGENTEIL-ICH_ES
Ich weiß, dass das Schiff heute gekommen ist.

Vielseitige -toq-Form

Alles, was bisher über die -toq-Form gesagt wurde, gilt für nichtzielende Verben. Entsprechendes gibt es natürlich auch für zielende Verben. Diese warten mit einem reichhaltigen Satz anderer Endungen auf, die ich Ihnen in diesem Buch aber nicht mehr zumute.

Die -toq-Form kann auch Endungen der 1. und 2. Person *Ez* und *Mz* bekommen (die Endung -toq ist nämlich die für die 3. Person *Ez*). In diesen Fällen wird sie im Deutschen am besten mit „dass" wiedergegeben:

1. P. *Ez*	**ater|tunga**	dass ich hinunterging
2. P. *Ez*	**ater|tutit**	dass du hinuntergingst
3. P. *Ez*	**ater|toq**	dass er / sie hinunterging
	oder	der / die hinunterging
1. P. *Mz*	**ater|tugut**	dass wir hinuntergingen
2. P. *Mz*	**ater|tusi**	dass ihr hinunterginget
3. P. *Mz*	**ater|tut**	dass sie hinuntergingen
	oder	die hinuntergingen

Grönländische angewandte Kunst in Narsaq (Rechtschreibfehler!)

Sisa|mut ater|tu|nga taku|vaa.
Strand-zu(ALL) hinuntergehen-dass(NOM)-ICH sehen-ER_ES
Er sah, dass ich zum Strand hinunterging.

Sisa|mut ater|tu|si taku|vaa.
Strand-zu(ALL) hinuntergehen-dass(NOM)-IHR sehen-ER_ES
Er sah, dass ihr zum Strand hinuntergingt.

Baukasten II: Wichtige Suffixe

Fast jedes grönländische Wort erhält eine oder mehrere Suffixe. Da es viele Begriffe überhaupt nur als Suffix gibt, müssen wir uns einige wichtige ansehen. Fast alle im Konversationsteil verwendeten Suffixe werden hier aufgeführt.

Bitte beachten Sie: Ich kann Ihnen hier nicht mehr als einen winzigen Einblick in das Suffixinventar geben. Eine vollständige Liste füllt ein mittleres Buch aus.

Grundsätzliches zu den Suffixen

Die meisten Suffixe können nur an entweder ein Verb oder ein Hauptwort gehängt werden; das letzte Suffix eines Wortes entscheidet, ob es ein Verb oder Hauptwort ist. Durch ein Suffix kann ein Hauptwort zum Verb und umgekehrt werden. Sie können an ein Wort, an dem schon Suffixe hängen, unter Beachtung der allgemeinen Regeln immer noch ein passendes anfügen. Das durch ein Suffix gebildete Hauptwort gehört immer einer der drei Klassen an.

Welche das ist, gebe ich Ihnen an. Entscheidend ist immer das letzte Suffix.

Ebenso gehören durch Suffixe gebildete Verben je nach ihrem letztem Suffix zu einem der drei Stämme. Es gibt zielende Suffixe auf -(v)aa / -paa und nichtzielende auf -voq / -poq. Sie werden in der 3. Person *Ez* angegeben, können aber alle anderen sonstigen Formen des Verbs erhalten.

Einige Suffixe verändern nach festen Regeln ihre Anfangsbuchstaben. Das gebe ich Ihnen wie folgt an:

Baukasten II: Wichtige Suffixe

1. ᵛ bzw. ʲ bedeutet: nach langem Vokal wird v bzw. j eingeschoben:
   -ᵛerserpoq „hat seinen ... verloren"
   annoraa|verserpoq „hat seinen Anorak verloren"
   -ʲuvoq „ist", **annoraa|juvoq** „ist ein Anorak"
2. **-gaa, -raa:** an R-Stämme wird die Form, die mit r beginnt gefügt, sonst die mit g: **-gaa, -raa** „hält es für"
   ajor- + -gaa **ajo|raa** „hält es für schlecht"
   miki- + -gaa **miki|gaa** „hält es für klein"
3. ʳ: das Suffix fügt nach Vokal immer r ein
   ini + +ʳsuaq „groß" **ine|rsuaq** „großes Zimmer" *(QR!)*
4. ˢ: nach i wird t oft (aber leider nicht immer) zu s:
   -ˢtariaqarpoq „muss" **iffiasi|sariaqarpoq** „muss Brot kaufen"
5. **kk, r, j, –:** diese Suffixart hat vier Anfangsformen,
   z. B. **kk, r, j, –umavoq** „will"
   bei K-Stämmen mit kk-:
   tikip- + umavoq **tikik|kumavoq** „will ankommen"
   bei R-Stämmen mit r-:
   atuar- + umavoq **atua|rumavoq** „will lesen"
   nach a, u beginnt es mit j-:
   ilaa- + umavoq **ilaa|jumavoq** „will mitfahren"
   nach i schiebt es nichts ein:
   ani- + umavoq **ani|umavoq** „will hinausgehen"
6. **tt, t, j, –:** diese Suffixart hat ebenso vier Anfangsformen,
   z. B. **tt, t, j, –uarpoq** „tut ständig ..."
   bei K-Stämmen mit tt-:
   sinip- + uarpoq **sinit|tuarpoq** „schläft ständig"
   bei R-Stämmen mit t-:
   atuar- + uarpoq **atuar|tuarpoq** „liest ständig"
   nach langem Vokal beginnt es mit j-:
   ilaa- + uarpoq **ilaa|juarpoq** „fährt immer mit"
   nach kurzem Vokal wird nichts eingeschoben:
   ani- + uarpoq **ani|uarpoq** „geht ständig hinaus"

Die Suffixe auf -gaa / -raa sind verkürzte Formen; die ursprünglichen Formen heißen -givaa bzw. -rivaa. Es sind V-Stämme, in denen -iv- in allen Formen durch -a- ersetzt wird, z. B. mikigivara „ich halte es für klein": mikigaara.

Die Wörter auf -t fügen vor jedem Suffix außer +suaq „groß" den Bindevokal -i- / -a- *(A!)* ein. Denken Sie außerdem immer an *(A!)* bei den Suffixen, die mit i- oder u- beginnen!

Ergäbe sich als Resultat der Angleichung die Silbe -tti- bzw. -tte-, wird diese immer -tsi- oder -tse- geschrieben:

unip- „stehenbleiben" + +tippaa „lässt ihn" ergäbe *unittippaa, daher: unitsippaa „stoppt ihn".

Beachten Sie bitte: alle Regeln über Lautangleichungen, Abschneiden des letzten Mitlautes usw. gelten für jedes weitere Suffix, auch wenn an das Wort schon andere Suffixe angehängt sind. Ein abschneidendes Suffix entfernt also auch den letzten Mitlaut eines vor ihm stehenden Suffixes! Und: ob ein Wort ein Hauptwort oder Verb ist und zu welcher Klasse bzw. Stamm es gehört, entscheidet immer das letzte Suffix.

Suffixe an Hauptwörtern

Suffixe werden immer an die Grundform *Ez* der Hauptwörter ohne Beugungsendungen gehängt, auch wenn das Hauptwort in der *Mz* steht.

Haben & Sein

-qar|poq „haben" [-qartoq „einer, der ... hat"]

In eckigen Klammern gebe ich für jedes Suffix die -toq-Form (= „einer, der ... tut oder der diese Eigenschaft hat").

illo|qar|poq *(QR!)*
hat ein Haus / Häuser

illo|qa|nngilaq
hat kein Haus / keine Häuser

Eine zu Hauptwörtern mit Suffixen gehörende Eigenschaftsbezeichnung (meist eine -toq-Form) erhält immer -mik *(Ez)* oder -nik *(Mz)*.

Daran kann erkannt werden, ob das Hauptwort in *Ez* oder *Mz* steht.

Kusanar|tu|nik illo|qar|poq.
schön_sein-NOM-INSTR(Mz) Haus-haben-ER
Er hat schöne Häuser.

-qarpoq bedeutet auch „es gibt, es existiert“. In dieser Bedeutung steht es immer in der *Ez*.

Kalaallit Nuna|a|nni nano|qarpoq.
Grönländer-ABH(Mz) Land-ihr-in(LOK)
Eisbär-es_gibt
In Grönland gibt es Eisbären.

An eine -toq-Form angefügt bedeutet es „es gibt einen, der“ oder „es gibt etwas, das...“. So wird deutsches „jemand, etwas“ bzw. im negativen Fall „niemand, nichts“ übersetzt.

Iser|to|qarpoq.
hereinkommen-NOM-es_gibt
Jemand ist hereingekommen.

Iser|to|qa|nngilaq.
hereinkommen-NOM-es_gibt-nicht
Niemand ist hereingekommen.

Bei „sein“ ist Grönländisch genauer als das Deutsche. Dafür gibt es drei Suffixe und ein selbständiges Wort.

-juvoq „ist ein“ [-jusoq] wird beschreibend verwendet.

Sikuluvoq. Nanululnngilalq.
Eis-ist Eisbär-ist-nicht-ES
Das ist ein Eisstück. Es ist kein Eisbär.

Tassa „das ist (jemand / etwas bestimmtes)". Dieses selbständige Wort wird für etwas bereits Erwähntes verwendet, oder wenn am Hauptwort eine Besitzsilbe hängt. Es wird für alle drei Personen sowie für *Ez* und *Mz* unverändert gebraucht, bedeutet also auch „das bin ich, das bist du, das sind wir usw...".

Es wird gesprochen wie [dessa].

Tassa uilga.
das_ist Ehemann-mein
Das ist mein Mann.

Kunuk tassa ataatalga.
Kunuk das_ist Vater-mein
Kunuk ist mein Vater.

-ippoq [-ittoq] „befindet sich" wird mit Ortsangaben wie z. B. -mi „in", taama und ima „so" verwendet.

Illulmililplpoq.
Haus-in(LOK)-s.befinden-ER
Er ist im Haus.

Taamalappoq.
so-es_ist(A!)
Es ist so.

In der alltäglichen Sprache wird häufig -una „das ist!" bzw. -uku „das sind" angehängt, um mit gewissem Nachdruck auf etwas hinzuweisen. Vor beiden verändert sich Schluss-t zu -n, -p- zu -m-, und -k zu -ng.

Nannunluku.
(= nannut-uku)
Eisbär(Mz)-das_sind!
Das sind Eisbären!

Uangalana.
(= uanga-una)
ich-das_ist!(A!)
Ich bin's!

Suffixe an Verben

Es gibt vier wichtige Suffixe, die an den Verbstamm gehängt werden, um Zeitbegriffe genauer auszudrücken.

Zeitbegriffe

Entspricht etwa der deutschen Gegenwart.

-lerpoq [-lertoq] „beginnt, zu ...", „tut gerade".

-qa|lerpoq *wörtl.: „beginnt zu haben"*

tiki|lerpoq	**sini|lerpoq**	**-qa|lerpoq**
kommt gerade	schläft ein	erhält

Nebenbedeutung „etwas, was geschehen sollte, ist geschehen". Der Sprecher weiß davon meist aus eigener Erfahrung.

-reerpoq [-reertoq] „ist fertig mit ...", „hat bereits".

nere|reerpoq *(QR!)*
hat bereits gegessen *(wie ich gesehen habe)*

+simavoq [+simasoq] bedeutet etwas Vergangenes, das der Sprecher nicht selbst erlebt hat, schon länger her ist oder dem etwas Unsicherheit anhaftet.

aallar|simavoq	**ilinniar|simasoq**
er ist vermutlich (schon länger) abgereist	der fertig gelernt hat, ein Ausgebildeter

+starpoq [+startoq] „pflegt zu ...", „tut regelmäßig ...".
Diese *GEWÖHNLICH*-Form muss zwingend verwendet werden, wenn etwas immer wieder stattfindet. Sie ist sozusagen zeitlos. Ein Verb

ohne +tar / -sar- bedeutet, dass die Handlung nur einmal stattfindet oder stattgefunden hat. +tar / -sar- kann nicht mit -nngila- verneint werden, sondern geht andere Wege.

Dazu etwas später.

kaffi|sorpoq	**kaffi|sor|tarpoq**
trank einen Kaffee	trinkt gewöhnlich Kaffee

neri|voq	**neri|sarpoq**
aß einmal ...	pflegt zu essen

Können, Dürfen, Müssen, Wollen

+sinnaavoq [+sinnaasoq] „kann, ist möglich, darf", auch für höfliche Fragen.

unnui|voq	**unnui|sinnaavoq**
übernachtet	kann (darf) übernachten

-stariaqarpoq [-stariaqartoq] „muss, braucht".

Kaffi|si|sariaqarpu|nga.	**Ikior|tariaqar|pit?**
Kaffee-kaufen-müssen-ICH	*helfen-brauchen-DU?*
Ich muss Kaffee kaufen.	Brauchst du Hilfe?

Mit +langa „kann (darf) ich mal...?" können höfliche Fragen gebildet werden.

Iser|langa?
Kann ich mal hereinkommen?

Für „wollen" gibt es viele Suffixe, die sich darin unterscheiden, wie sehr man etwas will.

Ich gebe hier nur mal die wichtigsten an. Die -toq-*Form kürze ich ab jetzt mit ihrem Kennlaut ab, z.B.* [s] *heißt:* -toq-*Form lautet* -soq.

-kk, r, j, -umavoq [s] „würde gerne, (aber ...)":
sinik|kuma|vunga „ich würde gerne schlafen"
-rusuppoq [tt] „möchte gerne":
tii|to|rusup|punga „ich möchte gerne Tee"
-rusunneruvoq [s] „möchte lieber":
paaja|to|rusunneru|vunga „ich möchte lieber Bier"
+niarpoq [t] „hat fest vor", „ist auf ... aus":
agger|niar|poq „hat fest vor zu kommen"

Intensivierung: -qaaq „sehr"

-qaaq „sehr, viel" [-qisoq].

Intensiviert jedes Verb und steht immer als letztes Suffix. Seine Beugung ist etwas unregelmäßig. Es kommt sehr häufig vor.

Eine Auflistung der wichtigen Suffixe bzw. nahezu aller, die im Buch vorkommen, finden Sie im Anhang. Ich habe nur einige wenige weggelassen, die man ohnehin kaum selbst produktiv anwenden kann.

ich	**qaso|qaanga**	bin sehr müde
du	**qaso|qaatit**	bist sehr müde
er / sie / es	**qaso|qaaq**	ist sehr müde
wir	**qaso|qaagut**	sind sehr müde
ihr	**qaso|qaasi**	seid sehr müde
sie	**qaso|qaat**	sind sehr müde

Qaso|qaat?
Bist du sehr müde?

Qaso|qaa?
Ist er sehr müde?

Stützsilbe *pi-*

Wenn kein Hauptwort als Satzergänzung nötig oder möglich ist, wird das Suffix an das Stützelement pi- „etwas" gehängt.

pi|voq	nimmt etwas; *mit Ortsangabe:* kommt nach ...
Nuum|mut pivoq	kommt nach Nuuk
pe|qqippoq *(QR!)*	nimmt noch etwas
pi|sivoq	kauft etwas, nimmt etwas

-voq *ist einfach die Grundendung der Verben*

-qqippoq *„tut etwas wieder"*

Pi|si|niar|poq.
etwas-kaufen-wollen-ER
Er geht einkaufen.

Pi|si|niar|fik.
etwas-kaufen-wollen-ORT
Laden

Ich & Du, Dies & Das: Die Fürwörter

Grönländisch geht hier auch eigene Wege, weswegen ich die Fürwörter am besten getrennt nach Personen darstelle. Grundsätzlich werden diese Fürwörter nur dann verwendet, wenn auf etwas besonders hingewiesen werden soll.

Eine eigene Höflichkeitsform wie „Sie" gibt es nicht, die Anrede in der Du-Form ist üblich.

er, sie, es *(Ez)*; sie *(Mz)*

Es wird kein Geschlecht unterschieden, und die Wörter für „er, sie, es" sind gleichzeitig die für „dieser, diese, dieses", also hinweisende Fürwörter. Sie können also entweder mit einem Hauptwort stehen oder allein. Es wird genau nach der räumlichen Position unterschieden, wo sich jemand / etwas relativ zum Sprecher befindet.

Ich gebe ihnen nur drei wichtige davon an, und zwar mit Ez und Mz Grundform sowie ABH Ez und Mz. Die anderen Fälle lasse ich weg.

Ich & Du, Dies & Das: Die Fürwörter

Grundform *Ez*		***Mz***	**ABH *Ez***	**ABH *Mz***
una	Person / Ding in Reichweite	**uku**	**uuma**	**ukua**
manna	Ding in Reichweite	**makku**	**matuma**	**makkua**
innga	er / sie, diese(r)dort	**ikku**	**issuma**	**ikkua**

Für Personen wird meist una „er, sie, es“, uku „sie *Mz*“ verwendet, für Dinge manna oder una. Bei beiden wird mitverstanden, dass die Bezugsobjekte in nächster Nähe sind. Innga wird für Dinge und Personen verwendet. Fürwörter werden Hauptwörtern nachgestellt:

angut una	der Mann (hier bei mir)	**una**	er / sie (hier bei mir)
illu manna	das Haus (hier vor mir)	**manna**	es (hier vor mir)
illu innga	das Haus (dort weiter weg)	**innga**	er, sie, es (dort)

Una tassa nakorsaq. *er_hier das_ist Arzt* Er hier ist Arzt .

Manna tassa illo|rput. *das_hier das_ist Haus-unser* Das hier ist unser Haus.

ich, du, wir, ihr

Zudem bedeutet sie auch betontes besitzanzeigendes „mein!“, „dein!“, „unser!“, „euer!“.

Die Grundform für diese Wörter wird nur bei besonderem Nachdruck verwendet.

uanga	ich!, meins!
illit	du!, deins!
uagut	wir!, unseres!
ilissi	ihr!, eures!

Aluu, uanga|ana. *hallo ich-das_ist(A!)* Hallo, ich bin’s!

Uanga tassa taski|ga! *meine! das_ist Tasche-meine* Das ist meine Tasche!

mich, dich, uns, euch

Nun, es hilft nichts: Diese Wörter werden leider ausschließlich durch Endungen ausgedrückt. Sie kombiniert die handelnde Person („ich, du ...“) mit ihrem Ziel („mich, dich...“).

	... mich	... uns
du hörst	**tusar|parma**	**tusar|patsigut**
er / sie / es hört	**tusar|paanga**	**tusar|paatigut**
ihr hört	**tusar|passinga**	**tusar|patsigut**
sie hören	**tusar|paannga**	**tusar|paatigut**
	... dich	**... euch**
ich höre	**tusar|pakkit**	**tusar|passi**
er / sie / es hört	**tusar|paatit**	**tusar|paasi**
wir hören	**tusar|patsigit**	**tusar|passi**
sie hören	**tusar|paatsit**	**tusar|paasi**

Beispiel:
tusar|paa *„er hört es“*

Diese Formen gelten so für alle Verben und Verbsuffixe. tusar|paa ist R-Stamm. Bei V-Stämmen steht auch hier -v-, bzw. bei K-Stämmen -pp-.

V-Stamm	**asa|vaa**	er liebt sie	**asa|vakkit**	ich liebe dich
V-Stamm	**taku|vaa**	er sieht ihn	**taku|vassi**	wir sehen euch
K-Stamm	**ornip|paa**	sie nähert s. ihm	**ornip|paatigut**	sie nähern s. uns

Diese Formen gehören auch zu den zielenden Verbformen; der Handelnde steht im *ABH*.

Angut\|ip taku\|vaanga.
Mann-ABH sehen-ER_MICH
Der Mann hat mich gesehen.

In der 2. Person gibt es für „mich" und „uns" eigene Frageformen.

tusar|pinga?	hörst du mich?
tusar|pisinga?	hört ihr mich?
tusar|pisigut?	hörst du uns? *und* hört ihr uns?

Wer, Was, Wo: Fragewörter

Es gibt zwei Grundformen, von denen sich viele Frageformen ableiten lassen:

Einzahl	**kina?**	wer, welche Person?
	suna?	was, welcher, welche, welches?
Mehrzahl	**kikkut?**	wer, welche Personen?
	suut?	was, welche Dinge?

wenn man mehrere sieht

Kikkut ornip|patigut?
wer(ABH Mz) sich_nähern-SIE_UNS
Wer kommt da zu uns?

Suut pisiari|vigit?
was(Mz) kaufen-DU_ES?
Was für Sachen hast du gekauft?

Sie haben wahrscheinlich bemerkt, dass kikkut Abhängigkeitsfall *Mz* ist. Das bedeutet, auch kina und suna können in allen Fällen gebeugt werden:

Ez	Mz		Ez	Mz	
kina	**kikkut**	wer?	**suna**	**suut**	was?
kia, kiap	**kikkut**	wer, wessen?	**suup**	**suut**	was?
kimi	**kikkunni**	bei / in wem?	**sumi**	**suni**	worin, wo
kikkut	**kikkutigut**	über wen?	**sukkut**	**sutigut**	worüber, wo
kinatut	**kikkutut**	als wer?	**sutut**	**sutut**	als was?

Für die anderen Fälle wird -mi durch -mit / -mut / -mik bzw. -ni durch -nit / -nut / -nik ersetzt: sumit „wovon, von wo heraus", sumut „wohin", sumik „womit".

sutut *heißt auch „In welcher Sprache?"*

naak?	wo ist?	**qassinut?**	um wie viel Uhr?
qanga?	wann? *(Vergangenheit)*	**qassit?**	wie viel?
qanoq?	wie?, auf welche Weise?	**sooq?**	warum?
qaqugu?	wann? *(Zukunft)*	**sorleq, sorliit?** *(3)*	welcher?

Viele Fragen werden durch Suffixe an kina und suna gebildet. Achten Sie auf (*A!*) und darauf, dass -t vor -uku zu -n wird.

Kina|ana?
wer-das_ist(A!)
Wer ist das?

Kikkun|uku?
wer(Mz)-das_sind
Welche Personen sind das?

Suna|ana?
was-das_ist(A!)
Was ist das?

Suun|uku?
was(Mz)-das_sind
Was für Dinge sind das?

Su|to|rusup|pit?
was-essen/trinken-mögen-DU?
Was möchtest du essen / trinken?

Alle anderen Suffixe außer -una / -uku *schneiden* -na *ab.*

Hier & Da: Ortsangaben

Grönländisch hat sich an Bewegungen in weitem Gelände bestens angepasst und viele genaue Bezeichnungen für räumliche Verhältnisse entwickelt. Sie sind nach einem regelmäßigen Baukastensystem aufgebaut, so dass Sie sich nach dem folgenden Überblick viele Formen selbst herleiten können und, wichtiger noch, verstehen können.

hier, dort, drinnen, draußen

Den Ortsangaben wie „hier", „dort" usw. liegen dieselben Grundwörter zugrunde wie bei den hinweisenden Fürwörtern. Die Vorsilbe ta- wird gesetzt, wenn von dem Ort schon vorher einmal die Rede war.

Bei uani *und* tassani *wird sie nicht angefügt.*

maani (tamaani)	hier (bei mir)
uani	hier (bei mir)
tassani	dort (bei dir)
ikani (taakani) *(A!)*	dort drüben
qamani (taqqamani)	drinnen / draußen
pavani (tappavani)	weit oben; an Land; in Dänemark
samani (tasamani)	weit unten; am Strand, auf dem Meer

Qamani *bedeutet auf ein Gebäude bezogen jeweils das Gegenteil von dem, wo man selbst ist: drinnen, wenn man draußen ist, und umgekehrt.*

Nakorsaq ta|qqamani|ip|poq.
Arzt ERWÄHNT-drinnen-s.befinden-ER
Der Arzt ist hier drinnen.

-unga **Bewegung hin**	-annga **Bewegung weg**	-uuna **Bewegung vorbei**
ma|anga *(A!)* zu mir her	**ma|annga** von mir weg	**ma|ana** *(A!)* an mir vorbei
u|unga hierher	**u|annga** von hier weg	**ugg|uuna** hier vorbei
tass|unga zu dir hin	**tass|annga** von dir weg	**tass|uuna** an dir vorbei
ik|unga dorthin	**ik|annga** von dort weg	**ik|uuna** dort vorbei

über, unter, neben, vor, hinter

Für diese Ortsbezeichnungen folgen dem Hauptwort im *ABH* Ausdrücke, die auf -ani „in seinem ..." enden. -ani ist Besitzanzeiger + ni „in" *(LOK)*.

Diese Wörter können Sie anstelle von -ani mit anderen Endungen versehen, um jeweils eine Bewegung dort hin, von dort weg oder vorbei zu bezeichnen.

ilu|ani	im Inneren	**qa|ani**	auf
sani|ani	neben	**saa|vani**	vor
qula|ani	über	**tunu|ani**	hinter
ata|ani	unter	**eqqa|ani**	nahe

illup ilu\|ani
im Haus

illup tunu\|ani
hinter dem Haus

-nni	mir, dir	**-mini**	ihm, ihr		
-tsinni	uns	**-ssinni**	euch	**-minni**	ihnen

-ani (3. Pers. Ez) kann auch in andere Personen gesetzt werden

sani\|nni
neben mir / dir

sani\|mini
neben ihm / ihr

quli\|tsinni
über uns

tunu\|ssinni
hinter euch

Außerdem können Sie -(n)ni *(LOK)* ersetzen durch -(n)nut „hin zu" *(ALL)* oder -(n)nit „weg von" *(ABL)*:

wörtl. „des Hauses in seine Innenseite hinein"

illup ilu|a|nut	ins Innere des Hauses
tunu|ssi|nnit	hinter euch hervor
sani|nnut	neben dich hin

Nord, Süd, Ost, West

Deswegen heißt Ostgrönland Tunu *„Rückseite".*

Das grönländische Koordinatensystem geht aus von einer Position an der westgrönländischen Küste mit Blick zum Meer.

Tunu	Ostgrönland
Avannaa	Nordgrönland
Kujataa	Südgrönland
Kitaa	Westgrönland

Für „Osten" im Gelände wird allerdings kangi- *verwendet.*

kangi-	Ost	**kangi|mut**	nach Osten
avanna-	Nord	**avanna|mut**	nach Norden
kujat(i)-	Süd	**kujam|mut**	nach Süden
kit(i)-	West	**kim|mut**	nach Westen

Ausdrücke wie „westlich von Nuuk", „östlich von uns" usw. bilden Sie nach dem selben Muster wie „über", „unter" usw. Wörtlich bedeutet es „Nuuks in seinem Westen, Osten" usw ...

Nuup kangiaani	östlich von Nuuk
kangi|tsinni	östlich von uns
Nuup avannaani	nördlich von Nuuk
avanna|tsinni	nördlich von uns
Nuup kujataani	südlich von Nuuk
kujati|tsinni	südlich von uns
Nuup kitaani	westlich von Nuuk
kiti|tsinni	westlich von uns

Auffordern & Befehlen

Grönländisch drückt Aufforderungen nicht so sehr mit Höflichkeitsfloskeln wie „würde gerne", „möchte vielleicht" aus, sondern eher knapp und präzise. Höflichkeit wird durch zurückhaltendes Auftreten, freundliches Gesicht und leise Stimme signalisiert. Tatsächlich wird ein Ausdrücken in wenigen Worten als angenehm und geradezu höflich empfunden. Das gipfelt darin, dass ein Hauptwort mit -mik als genügend höfliche Aufforderung verstanden wird, jemandem doch bitte etwas zu geben.

Schild an medizin. Dienst: Öffnungszeiten Montag – Freitag 9-15 Uhr Donnerstag geschlossen Unterstützung und Krankengeld spätestens Dienstag 9-14 Uhr

Kaffi|mik.
Kaffee-INSTR
Einen Kaffee bitte.

Befehlsformen

Das Inventar an Befehlsformen ist zwar umfangreich, wir können uns aber auf zwei davon beschränken (-it „du!", -itsi „ihr!"). Da die reinen Befehlsformen des Verbs dann doch ziemlich rüde wirken, werden sie sehr oft zu einer höflichen Aufforderung mit +laar- „ein wenig", -lluar- „gut" oder (je nach Situation positiv oder negativ) nachdrücklich +niar- „fest vorhaben" abgemildert.

2. Pers. *Ez*	2. Pers. *Mz*
+laarit! ... du bitte!	**+laaritsi!** ... ihr bitte!
-lluarit! ... du (gut)!	**-lluaritsi!** ... ihr (gut)!
+niarit! ... du!	**+niaritsi!** ... ihr!

Oqalu|laarit!	Sprich bitte!
Oqalu|laaritsi!	Sprecht bitte!
Qaa|laarit!	Komm mal!
Qaa|laaritsi!	Kommt mal!
Sini|lluarit!	Schlaf gut!
Sini|lluaritsi!	Schlaft gut!

Im Zweifelsfall sollten Sie lieber die mildere +laar-Form gebrauchen. +niar- wird gerne bei Einladungen verwendet.

An zielenden Endungen mute ich Ihnen nur die zu, die sich an eine einzelne Person richten.

Kaffi|sor|niar|itsi!
Kaffee-trinken-fest_vorhaben-IHR!
Kommt auf einen Kaffee!

+laannga! ... mich! / ... mir!	**Ikiu|laannga!** Hilf mir!
+laartigut! ... uns!	**Ikiu|laartigut!** Hilf uns!
+laaruk! ... ihn/sie es! / ... ihm/ihr!	**Qaa|laaruk!** Bring es!
+laakkit! sie (*Mz*)! / ... ihnen!	**Qaa|laakkit!** Bring sie!
+lara lass es mich mal ...	**Pi|lara!** Gib mir es doch mal!
+lakka lass sie mich mal ...	**Pi|lakka!** Gib sie mir doch mal.

Für eine verneinte Aufforderung gebrauchen Sie die Endungen:

+nak!	du nicht!
+nasi!	ihr nicht!

Sinin|nak!	**Sinin|nasi!**
Schlaf nicht!	Schlaft nicht!

+nanga!	... mir / mich nicht!	**Aperi|nanga!**	Frag mich nicht!
+natigut!	... uns nicht!	**Aperi|natigut!**	Frag uns nicht!
+nagu!	...ihn / sie / es nicht!	**Neri|nagu!**	Iss es nicht!
+nagit!	... ihnen / sie nicht!	**Ornin|nagit!**	Nähere dich ihnen nicht!

Nahrungsmittel – Gemüse – Stiefel

Gleichzeitigkeit: Die -lu-Form

Grundsätzlich steht in einem grönländischen Satz nur ein Verb mit einer zielenden oder nichtzielenden Endung. Braucht man zwei (oder mehr), stehen alle zusätzlichen Verben in der Gleichzeitigkeitsform: an den Stamm wird die Silbe -llu- gesetzt, nach -r nur -lu-.

V-Stämme	**qasu|llu-**	müde seiend
K-Stämme	**sini|llu-**	schlafend
R-Stämme	**atuar|lu-**	lesend

Dieses -lu darf nicht mit dem angleichenden +lu „und" verwechselt werden.

Gleichzeitigkeit: Die -lu-Form

An nichtzielenden Verben geben Personalendungen an, *wer* es tut.

1. Person	**sini|llu-nga**	ich schlafend
	sini|llu-ta	wir schlafend
2. Person	**sini|llu-tit**	du schlafend
	sini|llu-si	ihr schlafend
3. Person	**sini|llu-ni**	er / sie / es schlafend
	sini|llu-tik	sie schlafend

Diese Form bedeutet, dass jemand etwas zur gleichen Zeit tut oder eine Eigenschaft hat. Im Deutschen entspricht ihr die Form auf „-end", oder „wobei": „schlafend; wobei ich schlafe".

Qasu|llu|nga sinin|niar|punga.
müde_sein-GLEICHZ-ICH schlafen-wollen-ICH
Müde seiend will ich schlafen.

Kama|llu|ni ani|voq.
zornig_sein-GLEICHZ-ER hinausgehen-ER
Zornig (seiend) ging er hinaus.

Bei zielenden Verben zeigt die -lu-Form an, wen die Handlung *betrifft,* nicht, wer sie ausführt.

1. Person	**taku|llu-nga**	mich sehend
	taku|llu-ta	uns sehend
2. Person	**taku|llu-tit**	dich sehend
	taku|llu-si	euch sehend
3. Person	**taku|llu-gu**	ihn / sie / es sehend
	taku|llu-git	sie sehend

Ani|voq taku|llu|nga.
hinausgehen-ER sehen-GLEICHZ-MICH
Mich sehend ging er hinaus.

Ani|vutit taku|llu|nga.
hinausgehen-DU sehen-GLEICHZ-MICH
Mich sehend gingst du hinaus.

Die Gleichzeitigkeitsform wird besonders in Aufschriften als Aufforderungsform verwendet, z. B. matu matullugu! *„Bitte Tür schließen!"*

Zum Verneinen setzt man statt -llu- / -lu- bei V- und R-Stämmen -na-, bei den K-Stämmen -nna-.

V-Stämme	**qasu|na-**	ohne müde zu sein
K-Stämme	**sinin|na-**	ohne zu schlafen
R-Stämme	**atuar|na-**	ohne zu lesen

Dies gilt für zielende und nichtzielende Formen. Daran kommen dieselben Endungen, außer in der 2. Person *Ez*. Die erfordert ein -k:

Atuar|nak.
Ohne dass du liest.

Qasu|vunga sinin|niar|na|nga.
müde_sein-ICH schlafen-wollen-OHNE_GLEICHZ-ICH
Ich bin müde, ohne schlafen zu wollen.

Ani|pput taku|na|ta.
hinausgehen-SIE sehen-OHNE_GLEICHZ-UNS
Sie gingen hinaus, ohne uns zu sehen.

Die Satzstellung

Die normale Satzstellung ist Subjekt (Täter), Objekt (Satzergänzung), Verb (Satzkern). Die Stellung der -lu (oder -na)-Form ist ziemlich frei. Sie kann auch nach dem Satzkern stehen. Beispiele hierzu finden Sie im ganzen Buch.

Bindewörter

Andere deutsche Bindewörter wie z. B. „obwohl" erfordern kompliziertere Konstruktionen. Ich lasse sie daher weg.

Bindewörter verbinden Sätze oder Satzteile. Ich gebe Ihnen nur die drei wichtigsten an, die es als Einzelwort und Suffix gibt. Die Bedeutungsunterschiede zwischen Suffix und Einzelwort können Sie in unserem Rahmen vernachlässigen.

Einzelwort	Suffix	Bedeutung
aamma	**+lu**	und, auch
kisianni	**+li**	aber
imaluunniit	**-luunniit**	oder

Kaffi|mik aamma imer|mik, kisianni tii|to|rusun|ngila|nga.
Kaffee-INSTR und Wasser-INSTR aber Tee-trinken-wollen-nicht-ICH
Kaffee und Wasser, aber ich möchte keinen Tee.

In diesem Satz könnten Sie ohne Bedeutungsunterschied statt aamma auch +lu „und" setzen, das stets an das letzte Wort antritt: Kaffimik imermillu.

Der Hauptwortmacher +neq

Häufig treten zu Hauptwörtern *(HW)* gemachte Verben auf (das Kommen, das Schlafen). Das macht die Endung +neq (Klasse 3), die nicht mit der gleichlautenden Endung der Steigerungsform verwechselt werden darf.

V-Stämme	**neri|neq**	das Essen
K-Stämme	**sini|nneq**	das Schlafen, Schlaf
R-Stämme	**atuar|neq**	das Lesen, Lektüre

Hier kommt die versprochene Verneinung der -tar-Form (die *GEWÖHNLICH*-Form): +neq wird mit ajorpoq „ist negativ" verwendet, wenn eine Handlung *regelmäßig nicht* stattfindet. Hierbei wird alles ab -tar- durch +neq ersetzt, und die jeweilige Person wird durch eine Form von ajorpoq ausgedrückt.

Kaffi|sor|tar|punga.
Kaffee-trinken-GEWÖHNL-ICH
Ich trinke immer Kaffee.

Kaffi|sor|neq ajor|punga.
Kaffee-trinken-HW negativ_sein-ICH
Ich trinke gewöhnlich keinen Kaffee.

+neq + **saperpoq**	vermag nicht ...
+neq + **artorpaa**	hat keine Chance zu ...
+neq + **naluvoq**	hat nicht gelernt zu ...

In derselben Weise drückt man „nicht können" aus.

Vor- & Nachzeitigkeit

Diese streifen wir nur und lassen ihren üppigen Bestand an zielenden Formen ganz weg.

Wenn es eine Form für die Gleichzeitigkeit zweier Verben gibt, kann man auch eigene Formen dafür erwarten, wenn eine Handlung *vor* oder *nach* einer anderen stattfindet.

als, da, weil

Vorzeitigkeit: die *-ra-* / *-ma-*Form

Lassen Sie uns zuerst die Formen ansehen, danach folgt eine Erläuterung zur Anwendung der 3. und 4. Person.

Diese Form bezeichnet zuvor eingetretene Handlungen oder Zustände, die Ursache für etwas anderes sind, und entspricht „als", „weil". Sie hat je nach Stamm und Person verschiedene Endungen. Bei dieser und der nächsten Form kommt wieder die 4. Person vor, die in dem Zusammenhang mit „er, sie, es selbst" übersetzt wird, während die 3. Person „ein(e) andere(r)" bedeutet.

1., 2., 4. Person *Ez / Mz*		3. Person *Ez / Mz*
V-Stämme	qasu|ga-	qasu|mma-
K-Stämme	sini|kka-	sini|mma-
R-Stämme	atua|ra-	atuar|ma-
Verneinung	-nnginna-	-nngimma-

Daran kommen bei nichtzielenden Verben noch folgende Personalendungen:

1. Person	qasu|ga-ma	da ich müde bin
	qasu|ga-tta	da wir müde sind
2. Person	qasu|ga-vit	da du müde bist
	qasu|ga-ssi	da ihr müde seid

3. Person	**qasu|mma-t**	da ein anderer müde ist
	qasu|mma-ta	da andere müde sind
4. Person	**qasu|ga-mi**	da er selbst müde ist
	qasu|ga-mik	da sie selbst müde sind

Diese Formen können je nach Zusammenhang übersetzt werden mit „da / weil ich müde bin“ oder „als ich müde war“.

Qasu|ga|ma innar|punga.
müde_sein-DA-ICH ins_Bett_gehen-ICH
Da ich müde bin, gehe ich schlafen.

Qasu|ga|vit inna|ssaa|tit.
müde_sein-DA-DU ins_Bett_gehen-ZUK-DU
Da du müde bist, sollst du schlafen gehen.

In der Umgangssprache ist diese Form besonders in Fragen sehr häufig. Sie drückt Gefühlsbetontheit (Interesse, Verwunderung) aus. Sie kann mit „denn“ oder mit der Vergangenheit wiedergegeben werden. Der fehlende Hauptsatz wird unausgesprochen mitverstanden.

Anne|ra|vit?
schmerzen_haben-DENN?-DU
Tut dir denn was weh?
(Du schaust so!)

Junge mit Hund im Hafen von Qassiarsuk

Tiki|kka|ssi?
gekommen_sein-DENN?-IHR
Seid ihr denn schon da?
(Ich treffe euch unvermutet an.)

wenn **Nachzeitigkeit: *-ru-* / *-pa*-Form**

Diese Form drückt aus, dass mit einer gewissen Unsicherheit in der Zukunft etwas geschieht, und entspricht deutschem „wenn". Sie lässt sich einfach aus der vorherigen Form bilden, indem Sie: in der 1., 2. und 4. Person -a- durch -u- ersetzen, in der 3. Person anstelle von -mma- ein -ppa- anfügen, nach -r- nur -pa- einfügen.

1., 2., 4. Person *Ez / Mz*		3. Person *Ez / Mz*
V-Stämme	qasu|gu-	qasu|ppa-
K-Stämme	sini|kku-	sini|ppa-
R-Stämme	atua|ru-	atuar|pa-
Verneinung	-nngikku-	-nngippa-

Die Personalendungen sind gleich, außer in der 4. Person:

qasu|gu-ni wenn er selbst müde ist
qasu|gu-nik wenn sie selbst müde sind

Sila ajul|nngippa|t aalla|ssaa|gut.
Wetter schlecht_sein-WENN_NICHT-ES abreisen-ZUK-WIR
Wenn das Wetter gut ist, reisen wir weiter.

Die 3. & 4. Person

Die 4. Person zeigt an, dass zwei Handlungen von ein und derselben Person begangen wurden. Diesen Unterschied muss man beachten. Die 4. Person kann nur dann in der ra- bzw. ru-Form auftauchen, wenn das Verb im Satzkern in der 3. Person steht (z. B. sianerpaanga „er rief mich an"). Wenn der Anrufer derselbe ist, der z. B. vorher heimkam (iserpoq „er kam heim"), muss der Heimkommende in der 4. Person stehen.

Ise|ra|mi sianer|paanga.
hineingehen-ALS-ER(4.) anrufen-ER_MICH
Als er (selbst) heimkam, rief er mich an.

Ist aber der Heimkommende ein anderer als der Anrufer, dann steht der Heimkommende in der 3. Person:

Iser|ma|t sianer|paanga.
hineingehen-ALS-ER(3.) anrufen-ER_MICH
Als er (Piitaq) heimkam, rief er (Kunuk) mich an.

Zahlen & Zählen

Für die dänischen Zahlen verweise ich auf den entsprechenden Kauderwelsch-Band bzw. die Seitenzahlen dieses Bandes. Da einige dänische Zahlen in Grönland etwas anders ausgesprochen werden, ist die Aussprache in [ ] beigefügt.

Grundlage des Zahlensystems und der Zahlwörter sind Finger und Zehen einer Person bis 20, dann geht es beim nächsten weiter. Das ergibt recht unhandliche höhere Zahlen, weswegen ab 13 fast nur die dänischen Zahlen verwendet werden.

Grundzahlen

	Grundform	Ablativ
1	**ataaseq**	**ataatsimut**
2	**marluk**	**marlunnut**
3	**pingasut**	**pingasunut**
4	**sisamat**	**sisamanut**
5	**tallimat**	**tallimanut**
6	**arfineq**	**arfinernut**
7	**arfineq-marluk**	**arfineq-marlunnut**
8	**arfineq-pingasut**	**arfineq-pingasunut**
9	**qulingiluat**	**qulingiluanut**
10	**qulit**	**qulinut**
11	**aqqaneq**	**aqqanernut**
12	**aqqaneq-marluk**	**aqqaneq-marlunnnut**

Der ABH von ataaseq *1 lautet* ataatsip, *bei allen anderen ist er gleich der Grundform.*

Nordgrönländisch:
9 qulaaluat, 11 isikkaneq, 12 isikkaneq-marluk;
Südgrönländisch: 9 arfineq-sisamat

Mit Hauptwort heißt 6 arfinillit und 11 aqqanillit. Beim Zählen oder bei der Uhrzeit werden die obigen Formen verwendet. Zahlwörter stehen immer nach dem Hauptwort.

arnat arfinillit aamma angutit aqqanillit
sechs Frauen und elf Männer

Ordnungszahlen

1.	**siulleq**
(*ABH* **siullerup**, *Mz* **siulliat**, *Instr.* **siullermik**)	
2.	**aappaat**
(*ABH, Mz* **aappaat**, *Instr.* **aappaanik**)	
3.	**pingajuat**
4.	**sisamaat**
5.	**tallimaat**
6.	**arferngat**
7.	**arfineq-aappaat**
8.	**arfineq-pingajuat**
9.	**qulingiluaat**, *SG:* **arfineq-sisamaat**
10.	**qulingat**
11.	**aqqarngat**
12.	**aqqaneq-aappaat**

Ab „2." steht das zugehörige Wort im Abhängigkeitsfall *Mz*.

illut pingajuat
das dritte Haus *(„der Häuser ihr drittes")*

13	**tretteniat** [drättäniat]
14.	**fjorteniat** [fjoadniat]
20.	**tyviat** [tüviat]
21.	**enogtyviat** [enotüviat]

Ab 13. werden die Ordnungszahlen aus der dänischen Grundzahl gebildet, an die -iat *gehängt wird.*

Zeit & Datum

Die Wochentage außer Sonntag sind aus den Zahlen durch -nngorneq *(3)* „das Gewordene" hergeleitet. Sapaat *(1)* bekommt vor jedem Suffix den Bindevokal *(BV)* -i-.

Wochentage

Haben Sie's bemerkt? Die ersten fünf Wochentage sind alphabetisch angeordnet, und sapaat *ist der biblische Sabbat ...*

ataasinngorneq	Montag
marlunngorneq	Dienstag
pingasunngorneq	Mittwoch
sisamanngorneq	Donnerstag
tallimanngorneq	Freitag
arfininngorneq	Samstag
sapaat *1*	Sonntag

Ataasi|nngor|ner|uvoq.
eins-werden-HW-ist
Es ist Montag.

Der Sonntag ist leicht unregelmäßig: sapaatiuvoq *„es ist Sonntag",* sapaatiuppat *„am nächsten Sonntag",* sapaatiummat *„am letzten Sonntag".*

Für „letzten" wird -mat „als es" verwendet, bzw. für „nächsten" -pat „wenn es".

Ataasi|nngor|ma|t.	**Ataasi|nngor|pa|t.**
eins-werden-ALS-ES	*eins-werden-WENN-ES*
Am letzten Montag.	Am nächsten Montag.

Uhrzeit

Die volle Stunde kann mit der bloßen Zahl oder mit -nngorpoq „ist geworden" ausgedrückt werden.

Pingasut. Es ist drei Uhr.

Pingasunngorpoq. Es ist drei Uhr (geworden).

Ataatsinut. Um ein Uhr.

Marlunut. Um zwei Uhr.

„Um" wird immer mit -nut *(ALL) ausgedrückt.*

Ulloqeqqar|poq.	Es ist Mittag.
Ulloqeqqa|nut.	Mittags, am Mittag.
Unnuaqeqqar|poq.	Es ist Mitternacht.
Unnuaqeqqa|nut.	Mitternachts, um Mitternacht.

Ulloqeqqata qeqqa.	11:30
Ataatsip qeqqa.	12:30
Marluk qeqqa.	13:30
Unnuaqeqqata qeqqa.	23:30

„Halb" wird mit ABH + qeqqa *„seine Mitte" gebildet.*

„Es ist halb..." wird mit -nut und qiteqquppoq „geht an der Mitte vorbei" gebildet.

Ataatsi|nut qiteqqup|poq.
eins-zu(ALL) an_Mitte_vorbei-ES
Es ist halb eins.

Ullo|qeqq|a|nut qiteqqup|poq.
Tag-Mitte-seine-zu(ALL) an_Mitte_vorbei-ES
Es ist 11:30.

Schließlich die Fünf-Minuten-Schritte. Hierzu versieht man die nächste Stunde mit -nut, dann folgt tanneq „die längere (Hand)", also der große Zeiger, dann die Zahl, auf die er zeigt.

Pingasu|nut tanneq qulingiluat.
drei-zu(ALL) länger neun 14:45

Ullo|qeqq|a|nut tanneq tallimat.
Tag-Mitte-seine-zu(ALL) länger fünf 11:25

Für das grönländische Zeitempfinden ist dies genau genug. Angaben wie „11:28" werden in Dänisch gemacht.

Nalunaaqutaq arfiner|nut tanneq arfineq-pingasut angallat tiki|ssaa|q.
Uhr sechs-zu(ALL) länger acht Schiff ankommen-ZUK-ES
Das Schiff kommt um 17:40 Uhr an.

Hat ein Zeitraum bereits begonnen, bedeutet manna „diesen".

Aasaq manna.	Diesen Sommer.
Ullaaq manna.	Diesen Morgen.

Kommt der jeweilige Zeitraum erst noch, wird an die Zeitangabe -gu gehängt (anstelle von -q kommt -ru).

Unnu|gu.	Kommenden Abend.
Uale|ru.	Kommenden Nachmittag.

Bei regelmäßigen oder ungenauen Zeitangaben wird -kkut verwendet. Die Verben brauchen dann unbedingt die *GEWÖHNLICH*-Form mit -tar-.

Ukiukkut.	Winters. Jeden Winter.
Unnukkut.	Abends. Jeden Abend.

Sonstige Zeitbegriffe

matuma siornatigut	**ukiut qulit matuma siornatigut**
vor	vor zehn Jahren
kingornatigut	**ukiut qulit kingornatigut**
nach	nach zehn Jahren
ABH + **tungaanut**	**sapaatip tungaanut**
bis	bis Sonntag
ABH + **kingorna**	**ataasinngornerup kingorna**
seit	seit Montag
tamaasa	**ullut tamaasa**
jeden	jeden Tag

januaari	**juuli**
februaari	**aggusti**
marsi, martsi	**septembari**
apriili	**oktobari**
maaji	**novembari**
juuni	**desembari**

Die Monatsbezeichnungen stammen aus dem Dänischen.

Um ein Datum anzugeben, wird von der Ordnungszahl das -t durch -nni „am" ersetzt, und der Monat steht im *ABH*. Der Monatserste heißt immer aallaqqaataat.

Mars|ip sisama|a|nni.
März-ABH vierter-seiner-an(LOK)
Am 4. März.

Juuli|p tretteni|a|nni.
Juli-ABH 13.-seiner-an(LOK)
Am 13. Juli.

Juuni|p aallaqqaata|a|nni.
Juni-ABH Monatserster-seiner-an(LOK)
Am 1. Juni.

±niit ist eine oft gebrauchte Langform von ±nit.

Für „vom ... bis zum..." nimmt man statt -nni jeweils -nniit (vom) und -nnut (zu, bis).

Tallima|a|nniit tyvi|a|nnut.
5.-seiner-von(ABL) 20.-seiner-bis(ALL)
Vom 5. bis zum 20.

Ullumi qassi|at?
heute wie_viel-seiner
Den wievielten haben wir heute?

Qassi|a|nni?
wie_viel-seiner-an(LOK)
Am wievielten?

Qassi|nngor|ner|uva?
wie_viel-werden-HW-ist?
Welcher Wochentag ist heute?

Baukasten III: Die Reihenfolge von Suffixen

Als Anhaltspunkt können Sie die Sätze im Konversationsteil nehmen, da dort die für die ersten Gespräche wichtigen Suffixkombinationen vorkommen.

Grönländisch hängt besonders in der geschriebenen Sprache schon mal mehr als fünf, sechs Suffixe an, in der gesprochenen nicht immer ganz so viele. Am Anfang oder für einfache Gespräche und Fragen reichen meist ein oder zwei aus, wie z. B. bei kuuk qimmer|suar|lu „ein Fluss und ein großer Hund". Aber in welcher Reihenfolge?

Baukasten III: Die Reihenfolge von Suffixen

Zum einen können die meisten Suffixe entweder nur an ein Hauptwort oder Verb angefügt werden. Außerdem gilt grundsätzlich, dass das jeweils letzte Suffix das Ganze vor ihm stehende genauer eingrenzt oder erläutert. Sehen wir uns z. B. illo|rsuar|si|niarpoq „er hat fest vor, ein großes Haus zu kaufen“ an:

Grönländisch ist für das Baukastensystem gut geeignet.

illo-	Haus *(QR!)*	ist Hauptwort *(HW)*
-rsuar	groß	nur an *HW* und bildet *HW*
+si	kaufen	nur an *HW* und bildet Verb
+niarpoq	hat fest vor, zu ...	nur an Verb und bildet Verb

Grundidee ist das Haus, illu. Es soll groß sein: illo|rsuaq „großes Haus“. Damit ist noch nicht gesagt, was damit passieren soll. Es kann erworben werden, abbrennen, fotografiert werden usw. Das wird nunmehr genauer festgelegt: illorsuar|si- „großes Haus kaufen“. Was soll nun damit sein? Das könnte jetzt noch genauer spezifiziert werden zu „er kann ein großes Haus kaufen“, „er plant, ein großes Haus zu kaufen“, „er hat ein großes Haus gekauft“ oder eben „er hat es fest vor“ = +niarpoq. So kommen wir zu illorsuarsi|niarpoq.

So können Sie in einem passenden Satz z. B. einzelne Hauptwörter durch andere ersetzen und haben gleich das passende Suffixpaar wie beispielsweise +si|sinnaavunga *„kann ich ... kaufen?“ dazu.*

Die Suffixe in anderer Reihenfolge anzufügen ginge fast gar nicht. Beispielsweise -rsuar und +si zu vertauschen, ist unmöglich, da +si ein Verb bildet, an das -rsuar gar nicht antreten darf. +si und +niar zu vertauschen, ergäbe Unsinn: *illorsua|niar|sivoq würde verstanden werden als „er kauft eine Absicht auf ein großes Haus“, da sich dann „kaufen“ (+si) auf das „vorhaben“ (+niar) bezieht.

Ausflügler aus dem Kindergarten in Narsaq

Kurz-Knigge

Zentrale Größe im grönländischen Selbstverständnis ist ittoorneq, oft falsch als Verschämtsein übersetzt, das aber Bescheidenheit bedeutet. Sich selbst geradezu heruntersetzen, z. B. seine Ware auf dem Markt mit -kasik „schlecht" zu bezeichnen, ist immer noch ein deutlicher Zug im grönländischen Wesen. Ist ittoorneq noch stärker ausgeprägt, wird ein Grönländer auf die Frage nach seinem Namen nur eine Art Spitznamen nennen, nicht aber seinen richtigen. Sie müssen das aber für sich nicht tun. Anklopfen an die Haustüre kann (muss nicht unbedingt) als aufdringlich empfunden werden – wenn man wegen der davor nicht immer angebundenen Hunde überhaupt bis zur Tür vordringt. Besser bleibt man in etwas Abstand davor stehen und ruft z. B. qakkorsii, etwa „Ihr da drinnen!".

Die intensive Durchdringung mit dänischen Sitten hat dieses alte Wertegefüge stark verändert, was ein Teil der nicht wegzudiskutierenden Problematik grönländischen Lebens ist. Daher können Sie, je städtischer die Umgebung ist und je jünger ihr Gegenüber, durchaus völlig normal europäische Umgangsformen pflegen – umso mehr bei der nicht selten gemischt grönländisch-dänischen Herkunft. Bei älteren und abgelegener wohnenden Grönländern dagegen kann ittoorneq noch stark ausgeprägt sein.

Unterhaltungen mit Grönländern

Beim ersten Kontakt trifft man bei Grönländern meist auf eine Mischung aus Freundlichkeit und Zurückhaltung. Letztere ist Ausdruck der Höflichkeit, so dass man knappe Worte und undeutliche Antworten mit eher leiser Stimme nicht als Unwilligkeit missverstehen darf. Aber auch unter Grönländern gibt es temperamentvollere Naturen, die bei Ihren ersten Sprechversuchen ihre freudige Überraschung kaum verbergen können, da sich die Muttersprachler der Schwierigkeiten ihrer Sprache bewusst sind. Wenn Sie dann als Reisender Ihr Interesse an der Inuitkultur durch noch so geringe Sprachkenntnisse bekunden, stehen Ihnen sicherlich mehr Türen offen als manchem im Land Ansässigen, der kein Wort der Landessprache kann. Grönländer sind es kaum gewohnt, mit qallunaat, den Dänen, Grönländisch zu sprechen.

Deshalb mag es vorkommen, dass das erste Gespräch nicht gleich klappt – wenn man nicht einen kleinen Trick kennt: Was Sie Grönländisch sagen, wird oft erst als Dänisch aufgefasst. Das scheitert natürlich und ruft die meist dänische Antwort hervor: Ha, hvad siger du? „Was sagst du?“ Umgehen Sie das, indem Sie als erstes langsam und deutlich imaatt = etwa „sooo...“ sagen. Auch die Grönländer selbst machen das gerne zu Beginn eines Gespräches. Dadurch schalten Sie das Ohr Ihres Gegenübers auf grönländischen Empfang, und dann geht es besser.

Es ist ein reizvolles Reiseerlebnis ganz eigener Art, dieser so eigenartig-schönen Sprache in ihrer heimischen Umgebung nachzuspüren und plötzlich die eine oder andere Aufschrift nachvollziehen zu können.

Besonders im Norden und Osten weicht die Alltagssprache so vom Standardgrönländischen ab, dass man fast von einer eigenen Sprache sprechen kann. Südgrönland weist eine große Anzahl eigener Begriffe auf. Überall aber wird die Sprache aus diesem Buch verstanden.

Ja & Nein

Es gibt ein förmliches und ein umgangssprachliches Ja-Nein-Paar. Sie können beide benutzen, wie Sie wollen.

Die Form in Klammern ist die förmliche.

Suu (Aap).	**Naamik (Naagga).**
BESTÄTIGUNG	*GEGENTEIL_TRIFFT_ZU*
Ja.	Nein.

Bei bejahten Fragen funktionieren alle vier so, wie wir es gewohnt sind.

Tikip|pa?
gekommen_sein-ER?
Ist er gekommen?

Suu (Aap), tikip|poq.
BESTÄTIGUNG gekommen_sein-ER
Ja, er ist gekommen.

Naamik (Naagga), tiki|nngila|q.
GEGENTEIL gekommen_sein-nicht-ER
Nein, er ist nicht gekommen.

Bei verneinten Fragen ist es aber anders herum: aap / suu bestätigt, dass etwas nicht so ist, und naagga / naamik bedeutet dann „ja, doch".

Tikiinngil|a?
gekommen_sein-nicht-ER?
Ist er nicht gekommen?

Suu (Aap), tikiinngila|q.
BESTÄTIGUNG gekommen_sein-nicht-ER
Nein, er ist nicht gekommen.

Naamik (Naagga), tikip|poq.
GEGENTEIL gekommen_sein-ER
Ja doch, er ist gekommen.

Namen & Anrede

Mit einem Smartphone können Sie sich die mit einem 👂 gekennzeichneten Sätze dieses Kapitels anhören. Scannen Sie einfach den QR-Code mit Hilfe einer kostenlosen App (z. B. „Barcoo" oder „Scanlife").

Im Grönländischen gibt es kein „Sie". So kann es passieren, dass man auf einem Markt angeredet wird mit:

Ilissi?
ihr
etwa: Möchtet ihr etwas kaufen?

Grönländer haben Vornamen wie Pavia (Paul), Kaalat (Karen), oder aber genuin grönländische wie Angunnguaq „kleiner Mann" oder Nuka „kleine Schwester". Gerne werden Suffixe wie -araq „klein", -nnguaq „niedlich" oder -suaq

„groß, tolpatschig“ angehängt. Sie lieben treffende Spitznamen, die man auch als Fremder gebrauchen kann, wenn sie einem genannt werden. Namen werden wie Hauptwörter gebeugt.

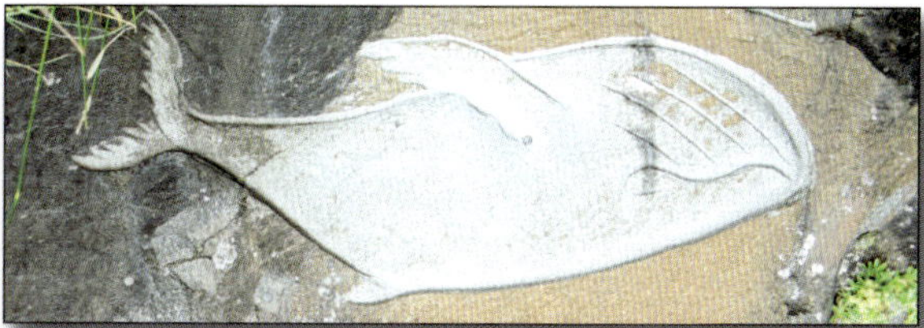

Wal in Felswand von grönländischer Künstlerin, Qaqortoq

Qanoq ate|qar|pit?
wie Namen-haben-DU?
Wie heißt du?

Raphael|imik / Marlena|mik ate|qar|punga.
Raphael-INSTR / Marlena-INSTR Namen-haben-ICH
Ich heiße Raphael / Marlena.

An den Namen wird bei „heißen“ immer -mik gehängt, nach Mitlaut mit dem Bindevokal i.

26-nik ukio|qar|punga.
26-INSTR(Mz) Winter-haben-ich
Ich bin 26 Jahre alt.

26-ukiu|lik
26-Winter-versehen_mit
26-jährig

Die Familie

Mit einem Smartphone können Sie sich die mit einem 👂 gekennzeichneten Sätze dieses Kapitels anhören.

Die Familie hat im grönländischen Leben einen hohen Stellenwert. Entsprechend ausgefeilt sind die Bezeichnungen vor allem bei den Geschwistern.

anaana·, -t *1*	Mutter
ataata·, -t *1*	Vater
aanaq; ningiu·, -t *1*	Großmutter
aataq; ittu·, -t *1*	Großvater
aja·k, -at *1*	Mutters Schwester (Tante)
atsa·k, -at *1*	Vaters Schwester (Tante)
anga·k, -at *1*	Mutters Bruder (Onkel)
akka·k, -at 1	Vaters Bruder (Onkel)
erne·q, -rit *3*	Sohn
ernu·taq, -ttat *2*	Enkel/in
ilaqu·taq, -ttat *2*	Familienmitglied
ilaquttakka	meine Familie
pani·k, -it *1*	Tochter
qatanngut·, -it *1*	ein Geschwister

NG: ilakka

👂 **Meera|qar|pit?**
Kind-haben-DU?
Hast du Kinder?

👂 **Marlun|nik pane|qar|punga.**
zwei-INSTR(Mz) Tochter-haben-ICH
Ich habe zwei Töchter.

👂 **Aappa|qa|nngila|nga. / Nulia|qa|nngila|nga.**
Partner-haben-nicht-ICH / Ehefrau-haben-nicht-ICH
Ich bin ungebunden. *(als Frau / Mann)*

ui|ga	*Ehemann-mein*	mein Mann
nulia|ra	*Ehefrau-meine*	meine Frau
angut|a|at|i|ga *(A!)*	*Mann-BV-eigener-BV-mein*	mein Freund
arna|at|iga *(A!)*	*Frau-eigene-mein*	meine Freundin
ikinngut|i|ga / kammalaat|i|ga	*Freund-BV-mein*	ein Freund
nulia|ssa|ra / ui|ssa|ra	*Ehefrau / Ehemann-ZUK-mein*	Verlobte / Verlobter
sule|qat	*arbeiten-MIT_DEM_MAN_ GEMEINSAM_TUT*	Kollege / Kollegin

pissiartaarpoq [t]
ist verlobt mit

avinneruvoq [s]
ist geschieden

Geschwisterverhältnisse

Des Bruders ...		Der Schwester ...	
angaju·, -t *1*	großer Bruder	**angaju·, -t** *1*	große Schwester
aleqa·, -t *1*	große Schwester	**ani·, -t** *1*	großer Bruder
nuka·, -t *1*	kleiner Bruder	**nuka·, -t** *1*	kleine Schwester
naja·, -t 1	kleine Schwester	**aqqalu·k, -it** *1*	kleiner Bruder

-kkut *(Mz)* bezeichnet „die Familie von" (z. B. Mariakkut „Marias Familie") und wird an den Stamm gefügt. Najaa·raq, -qqa|t *2* hat Najaaqqa- als Stamm (Najaaqqakkut „Najaaraqs Familie"). -kkut kann gebeugt werden, z. B. Mariakkun|nut „zu Marias Familie", oder erhält Suffixe: ilinni-artitsisoq „Lehrer" + kkut + +nukarpoq „geht zu":

Trösten Sie sich, ich kann die auch nicht alle wirklich auswendig ...

Ilinniartitsisu|kkun|nuka|ssaa|gut.
Lehrer-Familie_von-gehen_zu-ZUK-wir
Wir werden zu der Familie des Lehrers gehen.

Begrüßen & Verabschieden

Die meisten Begrüßungsformeln stammen aus dem Dänischen oder Englischen.

Kumoorn.
guten_Morgen(dän.)
Guten Morgen.

Kutaa.
guten_Tag(dän.)
Guten Tag.

Aluukkut *nur an mehrere*

Kunaat.
gute_Nacht(dän.)
Gute Nacht.

Hej! / Aluu! / Aluu|kkut!
hei / hallo / hallo-MEHRERE
Hallo!

Abk.: Takuss'

Unnuaru / Aqagu / Erniinnaq taku|ssaa|gut.
heute_Abend / morgen / bald sehen-ZUK-WIR
Wir sehen uns heute Abend / morgen / bald!

Baj! *Bye-bye!*

Inuu|lluar|na. / Inuu|lluar|isi.
leben-gut_machen-DU(ZUK)! / ...-IHR(ZUK)!
Leb wohl / Lebt wohl.

-na (*Ez:* du) / -isi (*Mz:* ihr) bedeuten eine Aufforderung, zukünftig (aber nicht gleich) etwas zu tun.

Ingerla|lluar|it. / Ingerla|lluar|itsi.
reisen-gut_machen-DU! / ...IHR!
Gute Reise dir / euch!

Pi|lluar|it. / Pi|lluar|itsi.
etwas-gut_machen-DU! / ...IHR!
Herzlichen Glückwunsch dir / euch!

Floskeln & Redewendungen

Kleine Floskeln bewirken oft mehr als ein langer Satz. Die häufig abgekürzten gebe ich in [ ]-Klammern an.

Mit einem Smartphone können Sie sich die mit einem gekennzeichneten Sätze dieses Kapitels anhören.

Qanor|ip|pit? [Qanorik?]
wie-beschaffen_sein-DU?
Wie geht es dir?

Aju|nngila|tit? [Aju|nngik?]
schlecht-GEGENTEIL-DU?
Gehts gut?

Aju|nngila|nga. [Ajunng.]
schlecht_sein-GEGENTEIL-ICH
Mir geht es gut.

Illim|mi?
du-und?
Und dir, wie gehts dir?

+mi? „und?" stellt eine Gegenfrage, etwa „und du?". Es hat mit dem Lokativ ±mi nichts zu tun. Das Suffix -qaa- „sehr" wird häufig als eine Art gesprochenes Ausrufezeichen angehängt.

Aju|nnge|qaa|nga. / Aju|nnge|qaa|gut.
schlecht_sein-GEGENTEIL-sehr-ICH / ...-WIR
Es geht mir / uns recht gut.

Ajor|punga. [Ajoq.] / Ajo|qaa|nga.
schlecht_sein-ICH / schlecht_sein-sehr-ICH
Mir geht es schlecht / sehr schlecht.

Aju|nngil|a?
schlecht_sein-GEGENTEIL-ES?
Ist das in Ordnung?

Aju|nngila|q.
schlecht_sein-GEGENTEIL-ES
In Ordnung.

Ajoraluar|tu|mik naamik. Ajor|poq.
bedauerlich_sein-NOM-INSTR nein schlecht_sein-ES
Leider nein. Es ist nicht in Ordnung.

Asuki(aq).	Keine Ahnung.
atagu!	Moment!
A-usi.	Ah so. Ah ja.
Ilaa.	Ja, in der Tat, wirklich.
Ilaana.	Ja, gerne!
Nalinn.	Schade.
Nuann.	Schön! Wunderbar!
Qaami.	In Ordnung, klar.
Soorunami.	Natürlich.
Sussa!	Egal, lass gut sein; macht nichts.
Torrak!	Prima! Spitzenklasse!
Uumaa!	Hör mal!, *auch:* Hör auf!

Natürlich darf das bekannteste Wort nicht fehlen: immaqa. Es kann bedeuten: „wahrscheinlich“, „vielleicht“, „hoffentlich“ ... alles, nur nichts sicheres!

Bitte, Danke & Entschuldigung

Es gibt kein einzelnes Wort für „bitte“ wie im Deutschen. Bei Aufforderungen wird das Suffix -laar- „wenig“ verwendet.

Mit einem Smartphone können Sie sich die mit einem gekennzeichneten Sätze dieses Kapitels anhören.

Utaqqi|laar|it! [Uatsi|laaq! / Uatsi!]
warten-wenig(BITTE)-DU!
Warte bitte mal.

Für „kann ich bitte...“ oder „kannst du bitte ...“ nimmt man +sinnaavoq „kann“ in der entsprechend gebeugten Form:

Telefoner|sinnaa|vunga?
telefonieren-können-ICH?
Kann ich bitte mal telefonieren?

Beim Überreichen sagt man für „bitte“ förmlich takanna! oder weniger förmlich ak!

Qanoq? *oder* **Qanoq-aa?**
wie
Wie bitte?

-aa markiert etwas als Frage.

Qano|rooq?
wie-ÄUSSERUNG_EINES_ANDEREN
Was bitte hat er gesagt?

-gooq / -rooq kennzeichnet eine Äußerung von jemandem zu mir oder umgekehrt.

Jaaku|mut aluu|gooq inuu|llua|qqu|laar|uk.
Jaaku-zu(ALL) Hallo-ÄUSSERUNG_VON_MIR leben-gut_machen-bitten-wenig(BITTE)-DU_IHN
„Grüße Jaaku von mir".

... ±mut qujanaq. [Qujan.]
aus(ABL) erfreulich
Danke für ...

unnuk manna	*Abend dieser*	diesen Abend
agge|ra|vit	*herkommen-WEIL-DU*	dass du gekommen bist
ikio|ra|mma	*helfen-WEIL-DU_MIR*	die Hilfe
ato|ra|kku	*gebrauchen-WEIL-ICH_ES*	das Leihen
kaffi|mut	*Kaffee-aus(ABL)*	den Kaffee

Hauptwörter stehen bei qujanaq meist mit ±mut. -mma und -kku sind zielende Endungen der -ra-Form.

Die in Skandinavien übliche Floskel, wenn man sich wiedertrifft.

Qujanaq kinguller|mik.
erfreulich letztes-INSTR
Danke für das letzte Mal!

Qujanar|suaq! Qujana|rujussuaq!
erfreulich-groß erfreulich-riesengroß
Vielen Dank! Tausend Dank!

Quja|annar|punga.
danken-nur_tun-ICH
Nein danke.

Antwort auf „danke"

Illil|lu! / Ilissi|lu!
du-auch / ihr-auch
Bitte sehr. *(an eine Pers. / mehrere Personen)*

Kaman|na|k!
böse_sein-BITTE_NICHT-DU!
Seien Sie / sei mir bitte nicht böse!

Ajuusaar|punga. / Ajuusaa|qaa|nga.
bedauern-ICH / bedauern-sehr-ICH
Es tut mir (sehr) leid.

Das erste Gespräch

Trotz aller Zurückhaltung überwiegt nicht selten die Neugierde nach dem Woher und Wohin.

Su|minngaanneer|pit?
was-kommen_aus-DU?
Woher kommst du?

Tysklandi|minngaanniit / Austria|miit / Schweizi|mit.
Deutschland-aus(ABL Langform) / Österreich-aus(ABL) / Schweiz-aus(ABL)
Aus Deutschland / Österreich / der Schweiz.

Die Endungen ±minngaanniit, ±miit und ±mit können bei Ortsnamen beliebig ausgetauscht werden, alle bedeuten „aus, von“ (in der *Mz* immer mit n beginnend).

Mit einem Smartphone können Sie sich die mit einem gekennzeichneten Sätze dieses Kapitels anhören.

Su|miu|vit?
was-Bewohner_von-bist_du?
In welcher Stadt wohnst du?

Das erste Gespräch

München|i|miunga.
München-BV-Bewohner_ich_bin
Ich komme aus München.

Das -in- in diesem Bandwurm kommt von -ip|poq *„befindet sich in", das sich an* +niku *angeglichen hat.*

Nuna|tsinni|in|niku|uvit?
Land-in_unserem-s.befinden-EINER_DER_SCHON_MAL-bist_du?
Warst du schon mal in Grönland?

Marlo|riar|lu|nga / Pingaso|riar|lu|nga tassunga pi|sar|punga.
zwei-mal_tun-GLEICHZ-ICH / (drei-...) hierher erreichen-GEWÖHNL-ICH
Ich war schon zwei (drei) Mal hier.

±mut ilaavoq *bedeutet „als Passagier in einem Fahrzeug sein"*

Umia|rsuar|mut takornarium|mut ilaa|llu|tta tikip|pugut.
Boot-groß-zu(ALL) touristisch-zu(ALL) dabeisein-GLEICHZ-WIR ankommen-WIR
Wir sind mit einem Kreuzfahrtschiff hier.

Ippassaq tikip|punga / tikip|pugut.
gestern ankommen-ICH / ...-WIR
Ich bin / wir sind gestern angekommen.

Sapaat|ip akunner|i marluk maani|i|ssaa|nga.
Sonntag-ABH Zwischenraum-seine(Mz) zwei hier-s.befinden-ZUK-ICH
Ich bleibe zwei Wochen.

Aqagu unnu|kku|mut.
morgen abend-VIA-zu(ALL)
Bis morgen Abend.

Sapaat|i|u|ppat tulli|a|ni aalla|ssaa|gut.
Sonntag-BV-sein-WENN_ES nächster-sein-in(LOK) abreisen-ZUK-WIR
Übernächsten Sonntag werden wir abreisen.

Nuannaraa|juk?
Gefallen_finden_an-DU_ES?
Gefällt es dir?

Kalaalli|t Nuna|at assut nuannaraa|ra.
Grönländer-ABH(Mz) Land-IHR sehr mögen-ICH_ES
Grönland gefällt mir sehr gut!

Su|leri|sar|pit?
was-s.befassen_mit-GEWÖHNLICH-DU?
Was machst (arbeitest) du?

Ilinniarnertuu|juvunga.
Student-ich_bin
Ich bin Student.

... suli|sar|punga.
arbeiten-GEWÖHNL-ICH
Ich arbeite ...

aningaaserivim|mi	*Bank-in*	in einer Bank
sulif|fis|suar|mi / sulif|fi|nnguar|mi	*arbeiten-Ort-groß / klein-in*	in einer großen / kleinen Firma
ilisimatusarfim|mi	*Universität-in*	in einer Universität
ujaras|si·ooq, -uut *1*	*Stein-Sucher*	Geologe, Mineraloge
oqaluf|fim|mi	*sprechen-Ort-in*	für eine Kirche
suli|si|tsi|s·oq, -ut *1*	*arbeiten-veranlassen-JEMANDEN-NOM*	Unternehmer

Zu Gast sein

Mit einem Smartphone können Sie sich die mit einem 👂 gekennzeichneten Sätze dieses Kapitels anhören.

Die wohl häufigste Einladung in ein grönländisches Heim ist das bekannte kaffemik.

Das Kaffemik

Das kaffemik ist dänisch verballhornt aus kaffi + mik *(INSTR)*. Je nach Größe der Ortschaft ist dabei jeder oder aber nur die Nachbarschaft anlässlich eines Geburtstages, einer Kindstaufe oder auch nur so zu jemandem nach Hause eingeladen. Jeder kommt, wann es zeitlich passt, mit kleinen Geschenken (Blumen, Süßigkeiten). Der Gast bekommt eine Tasse Kaffee und meist zwei Stücke Kuchen. Befremdlich ist, dass dieser Kaffee unter völligem Schweigen genossen werden kann.

Raucher ziehen sich danach ins Rauchereck zurück. Danach gibt man mit knappem Dank Tasse und Teller zurück, verabschiedet sich kurz und geht wieder.

kaffillerput
sie veranstalten ein Kaffemik

kaffisuuterujoorne·q, -rit *3*
Kaffemik *(echtes grönländisches Wort dafür)*

Mittlerweile werden solche Kaffemiks auch arrangiert, allerdings gegen Entgelt und zu festen Zeiten mit mehr oder weniger traditionellem grönländischem Essen. Es ist sicher eine gute Möglichkeit, Kontakt zu Einheimischen zu bekommen.

👂 **Kaffi|sor|iartor|itsi.**
Kaffee-trinken-gehen_um_zu-IHR!
Kommt zu mir zum Kaffee!

👂 **Tamassa ise|ritsi.**
das_hier_ist eintreten-IHR!
Bitte kommt herein.

Su|mi issia|ssaa|nga / issia|ssaa|rput?
was-in(LOK) setzen-ZUK-ICH? / setzen-ZUK-WIR?
Wo darf ich mich / dürfen wir uns setzen?

Su|to|rusup|pit?
was-trinken-mögen-DU?
Was möchtest du?

Kaffi|su|ssa|vit?
Kaffee-trinken-ZUK-DU?
Möchtest du Kaffee?

Kaffi|so|rusup|punga.
Kaffee-trinken-mögen-ICH
Ich hätte gern einen Kaffee.

Kaffi, viini *„Wein" und* viski *„Whisky" fügen für „trinken"* -sorpoq *an, alle anderen* -torpoq.

Tii|ut|e|qa|nngila|gut.
Tee-vorrätig-BV-haben-nicht-WIR
Tee haben wir nicht vorrätig.

Paaja|to|rusun|neru|vunga.
Bier-trinken-wollen-MEHR-ICH
Ich hätte lieber ein Bier.

„Bier" = paaja *(kommt von „Bayer"). Statt* paaja *kann man auch* imigassaq *sagen.*

Kaffi|mut sukku|ler|tar|pit / immu|ler|tar|pit?
Kaffee-zu(ALL) Zucker-versehen_mit-GEWÖHNL-DU? / (Milch-...)
Nimmst du Zucker / Milch zum Kaffee?

Pe|qqin|niar|it.
nehmen-wieder-fest_vorhaben-DU!
Nimm doch noch was.

Pe|qar|punga suli.
etwas-haben-ICH noch
Ich habe noch was.

Naamik, tassa.
nein das_ist_es
Nein, das reicht.

Imigassar|tor|neq ajor|punga.
Alkohol-trinken-HW negativ_sein-ICH.
Ich trinke keinen Alkohol.

Kasuut|ta!
klingen-LASS_UNS!
Zum Wohl!

Qujanaq, qaaliiv.
Dank satt(ABK)
Danke, ich bin völlig satt.

Qaaqqusissut|innut qujanar|suaq.
Einladung-zu_deiner(ALL) dank-groß
Vielen Dank für die Einladung.

Aju|laar|tumik massakkut angerlar|tariaqar|pugut.
schlecht-wenig_sein-UMST jetzt heimgehen-müssen-WIR
Wir müssen jetzt leider gehen!

Unterwegs

Die Grönländer reisen während des Sommers selbst viel. Während längerer Fahrten ergeben sich gute Gelegenheiten für Gespräche.

In Dorf und Stadt

Utoqqatser|punga, qanoq ... +mukar|sinnaa|vunga?
s.entschuldigen-ICH wie ... gehen_nach-können-ICH?
Entschuldigung, wie komme ich zu ... ?

takornariartitsivi·k, -it *1*	Touristen-information
katersugaasivi·k, -it *1*	Museum
aningaaserivi·k, -it *1*	Bank
katersortarfi·k, -it *1*	Versammlungshaus
oqaluffi·k, -it *1*	Kirche
kalaalimineerniarfi·k, -it *1*	grönländ. Markt, Brædtet
cafeteria·, -t *1*	Café

Das Mehrzweckhaus ist für Versammlungen und Veranstaltungen wie Kino und Theater.

Auf dem Brædtet (dän. „das Brett“) kann man von Jägern grönländische Jagdprodukte kaufen.

In kleineren Ortschaften ist der (oft dänische) Schullehrer eine gute Adresse, um Hilfe bei Schwierigkeiten oder auch allgemeine Informationen zu bekommen.

Ilinniartitsisoq su|mi najuga|qar|pa?
Lehrer was-in(LOK) Wohnung-haben-ER?
Wo wohnt der Lehrer?

Vikingi|t illu|ku|i naak?
Wikinger-Mz(ABH) Haus-alt-ihre wo_ist?
Wo sind die Wikingerruinen?

Inu|it asimio|qar|fi|at pisoqaq
Mensch-Mz(ABH) Siedler-haben-Ort-IHRE alt
alte Inuitsiedlung

Taxi & Bus

Taxis gibt es in fast jedem Ort, ab einer gewissen Größe auch Busse, z. B. zum Flughafen.

bussi|t unit|tar|fi|at
Bus-(Mz ABH) stoppen-GEWÖHNL-Ort-ihr
Bushaltestelle

Taxa|qarpa? / Busse|qarpa?
Taxi-gibt_es? / Bus-gibt_es?
Gibt es hier ein Taxi / einen Bus?

Taxa qaa|qqu|laar|uk.
Taxi komm'-befehlen-wenig(BITTE)-DU_ES!
Kannst du mir ein Taxi rufen?

Achtung: mitaarfik *heißt „Fastnacht / Fasching"!*

Mittarfim|mut. / Umiarsualivim|mut.
Flughafen-zu(ALL) / Hafen-zu(ALL)
Zum Flughafen / Hafen.

Tuavi|innaq.
s.beeilen-nur
Bitte beeil dich!

Aqagu ullaakkut nalunaqutaq tallima|nut umiarsualivim|mut taxar|niar|punga.
Morgen morgens Uhr fünf-zu(ALL Mz) Hafen-zu(ALL) Taxi_nehmen-wollen-ICH
Ich möchte morgen früh mit dem Taxi um fünf Uhr zum Hafen.

Mit Schiff, Hubschrauber und Flugzeug

Planen Sie als Individualreisender genug Zeit ein, sonst kann das Erreichen eines Rückfluges teurer werden als der Rest der Reise.

Das oft schnell umschlagende Wetter oder Eisgang können auch im Sommer nicht selten zu Verzögerungen bis zu einer Woche führen. Es gibt nicht jeden Tag Fähren überall hin, und Straßen zwischen den Ortschaften gibt es keine.

Su|mit Nuum|mut angallat / helikopteri aalla|ssa|va?
was-von(ABL) Nuuk-zu(ALL) Fahrzeug / Hubschrauber abfahren-ZUK-ER?
Von wo geht die Fähre / der Helikopter nach Nuuk?

Angallat / Helikopteri / Timmisartoq una Paamiu|lia|ssa|va?
Fahrzeug / Hubschrauber / Flugzeug dies Paamiut-gehen_nach-ZUK-ES?
Ist das die Fähre / der Helikopter / das Flugzeug nach Paamiut?

Ullumi / Aqagu Qaqortu|muka|ssa|llu|ni angalla|qarpa?
heute / morgen Qaqortoq-gehen_nach-ZUK-GLEICHZ-ES Fahrzeug-gibt_es?
Gibt es heute / morgen ein Schiff nach Qaqortoq?

Angallat tulleq / kingulleq Sisimiu|nut qassinut aalla|ssa|va?
Fahrzeug nächstes / letztes Sisimiut-zu(ALL) wann abfahren-ZUK-ES?
Wann geht das nächste / letzte Schiff nach Sisimiut?

Angallat ullumi / aqagu Arsu|liar|sinnaa|ssa|va?
Fahrzeug heute / morgen Arsuk-reisen_nach-können-ZUK-ES?
Kann heute / morgen das Schiff nach Arsuk fahren?

Angallat kann hier immer durch helikopteri oder timmisartoq „Flugzeug“ ersetzt werden. „Fliegen“ und „fahren“ wird mit -liar- ausgedrückt.

Iluli ssa|liar|sinnaa|nngila|q.
Ilulissat-reisen_nach-können-nicht-ES
Es besteht keine Verbindung nach Ilulissat.

Su|mi billetsi|si|sinnaa|vunga / ingerlaarfissar|si|sinnaa|vunga?
was-in(LOK) Billet-kaufen-können-ICH? / Fahrplan-kaufen-können-ICH?
Wo bekomme ich Fahrkarten / einen Fahrplan?

Uunartu|mukar|neq siumut utimul|lu qanoq ake|qar|pa?
Uunartoq-gehen_nach-HW hin zurück-und wie Preis-haben-ES?
Wie viel kostet eine Fahrt nach Uunartoq und zurück?

Ataatsi|mut / Marlun|nut ini|ssa|qarpa?
eins-zu(ALL) / zwei-zu(ALL) Platz-ZUK-gibt_es?
Ist noch was frei für einen / zwei?

Bestiili|si|ssus|sinnaa|vinga?
bestellen-ETWAS-FÜR-können-DU_MIR?
Kannst du für mich reservieren?

-ssuppaa = „tut für" den in der Endung erwähnten: -vinga = MIR/MICH, also hier -ssus- = für mich (s wegen der Angleichung an +sinnaa).

Es gibt zwei Kabinentypen:

aki|kin|ner|mi	Sammelschlafraum unter Deck
Preis-wenig-MEHR-in(LOK)	
akisu|ner|mi	Einzel- oder Zweierkabine
teuer_sein-MEHR-in(LOK)	

Su|kkut / Qassinut ikaa|ssaa|nga?
wo-durch(VIA) / wann aussteigen-ZUK-ICH?
Wo / Wann muss ich aussteigen?

Qassinut ingerla|qqi|ssaa|gut?
wann reisen-wieder-ZUK-WIR?
Wann geht's weiter?

Merianngu|vunga.
Übelkeit_spüren-ICH
Mir ist schlecht.

Merianngu|naveer|saat|e|qarpa?
Übelkeit_spüren-nicht_mehr-Mittel-BV-gibt_es?
Hast du ein Mittel gegen Seekrankheit?

ilaasortaat·, -it *1*	Passagierschiff *(allg.)*
sinersortaat·, -it *1*	Küstenpassagierschiff
umiarsuaq takornariut	Kreuzfahrtschiff

Mitfahrgelegenheit suchen

Grönländer besitzen oft ein kleineres Boot, mit dem sie z. B. zum Einkaufen fahren. Sie können ruhig fragen, ob man Sie irgendwo hinbringt oder mitnimmt.

Pisiniarfi|lia|ssa|vit?
Laden-reisen_nach-ZUK-DU?
Fährst du zum Einkaufen?

Ilaa|sinnaa|vunga?
mitkommen-können-ICH?
Kann ich mitkommen?

Qassi|nik akili|ssaa|nga?
wie_viel-INSTR(Mz) bezahlen-sollen(ZUK)-ICH?
Wie viel soll ich dafür bezahlen?

Aki|kinneru|laar|sinnaa|galuar|pa?
Preis-weniger-wenig(BITTE)-können-womöglich-ES?
Ginge es nicht etwas billiger?

-kinneru- *entsteht aus* -kip- *„wenig" und* +neru- *„Steigerung".*

Narsarsua|lia|tariaqar|punga.
Narsarsuaq-reisen_nach-müssen-ich
Ich muss unbedingt nach Narsarsuaq.
(Dieser Satz verdoppelt den Preis!)

Taamaa|liu|nngikku|ma timmisartoq inortu|ssa|vara.
so-tun-WENN_NICHT-ICH Flugzeug verpassen-ZUK-ICH_ES
Sonst verpasse ich das Flugzeug.

Einige Ortsnamen und ihre Beugung

Nachfolgend einige der wichtigeren Ortsnamen und die Form für ±mi / ni „in" *(LOK)*. Die anderen Formen können Sie bilden, indem Sie ±mi / ni durch ±miit / niit („von", Langform des *ABL*) bzw. ±mut / nut („nach", *ALL*) ersetzen. „Reisen nach" heißt ±mukarpoq / nukarpoq. Beachten Sie, dass einige Ortsnamen auf -t Mehrzahlformen sind, die immer die Anhängsel auf n- brauchen.

Aasiaa|t, -nni *(Mz)*	**Nuu|k, -mmi**
Ammassali|k, -mmi	**Paamiu|t, -ni** *(Mz)*
Arsu|k, -mmi	**Qaanaa|q, -mi**
Ilulissa|t, -ni *(Mz)*	**Qaqort|oq, -umi**
Ittoqqortoormii|t, -ni *(Mz)*	**Qasigianngu|it, -ani** *(Mz)*
Ivittuu|t, -ni *(Mz)*	**Qeqertarsua|q, -rmi**
Kangaatsia|q, -rmi	**Qullissa|t, -ni** *(Mz)*
Maniits|oq, -umi *(QR!)*	**Sisimiu|t, -ni** *(Mz)*
Nanortali|k, -mmi	**Tasiila|q, -mi**
Narsa|q, -rmi	**Upernavi|k, -mmi**
Narsarsua|q, -rmi	**Uummanna|q, -mi**

Aufschriften und Warnungen

Mit -toq-Form und -qassanngilaq werden oft Verbote formuliert:

Iser\|to\|qa\|ssa\|nngila\|q.
hineingehen-NOM-existieren(geben)-ZUK-nicht-ES
Eintritt verboten.
(wörtl: „es soll keinen geben, der eintritt")

AMMASARFII	ÖFFNUNGSZEITEN
AMMAVOQ	OFFEN
ANGUTIT	MÄNNER
ANIFFISSIAQ	NOTAUSGANG
ANISARFIK	AUSGANG
ARNAT	FRAUEN
ISERTARFIK	EINGANG
MATUVOQ	GESCHLOSSEN
SIKULIARNISSAQ INERTEQQUTAAVOQ	BETRETEN DES EISES VERBOTEN
PERUSUERSARTARFIK	TOILETTE
PUJORTARTARFIK	RAUCHERZIMMER
AALAKOORTUT ILAQQUSSAANNGILLAT	BETRUNKENE DÜRFEN NICHT MIT
ILAASUNUT ANARTARFIK	PASSAGIERTOILETTE
INUTTANUINNAQ	NUR FÜR BESATZUNG
KATERSUUTTARFIK	SAMMELPLATZ
QIMAFFISSAP AQQUTAA	FLUCHTWEG
NASSATAT UUNGA ILINAGIT / NASSATAT MAANGA ILISSANNGILLAT	ABSTELLEN VON GEPÄCK HIER VERBOTEN
PUJORTARTOQASSANNGILAQ / PUJORTARNEQ INERTEQQUTAAVOQ / TUPATORNEQ INERTEQQUTAAVOQ	RAUCHEN VERBOTEN

Im Gelände

Grönland erfordert bei Wanderungen mehr Aufmerksamkeit und Vorsicht als Mitteleuropa. Gehen Sie am besten in einer Gruppe, ausgestattet z. B. mit dem sog. ANNA-Notfallpaket (in jeder Touristeninformation erhältlich), und nicht ohne vorher Route und Zeitpunkt der geplanten Rückkehr an geeigneter Stelle hinterlassen zu haben.

Angalaartu|mut najoqqutassa|nik / Nuna|p assi|nga|mik pe|qarpa?
Tour-für(ALL) Anleitung-INSTR(Mz) / Land-ABH Bild-seines-INSTR etwas-gibt_es?
Hast du eine Tourenbeschreibung / Landkarte?

Für „englisch" hört man auch engelsk *(dän.).*

Tyski|sut / Tulut|tut aamma pe|qarpa?
Deutscher-wie(ÄQU) / Engländer-wie(ÄQU) auch etwas-gibt_es?
Hast du das auch auf Deutsch / Englisch?

Qaqqa|liar|niar|punga. / Tasiusa|liar|niar|punga.
Berg-reisen_nach-fest_vorhaben-ICH / Tasiusaq-...
Ich möchte eine Wanderung in die Berge / nach Tasiusaq machen.

Naak Ilimmaasa|mut aqqut|a|a?
wo_ist Ilimmaasaq-zu(ALL) Weg-BV-seiner
Wo ist der Weg nach Ilimmaasaq?

Angalaartu|mut najoqqutassa|ni aqquti|ssa|nnik unnersuus|sinnaa|vinga?
Wanderer-für(ALL) Anleitung-in(LOK Mz) Weg-ZUK-meinen(INSTR) zeigen-können-DU_MIR?
Kannst du mir das auf der Karte zeigen?

Ugguuna ingerla|ssaa|gut.
über_dieses_dort(VIA) reisen-ZUK-WIR
Wir werden diese Route nehmen.

Arfineq-marluk eqqaani uti|ssaa|gut.
sieben ungefähr zurückkommen-ZUK-WIR
Wir werden ungefähr um 7 Uhr zurück sein.

Aqqut ajunngilla / ajorpa?
Weg schlecht_sein-GEGENTEIL-ER? / schlecht_sein-ER?
Ist der Weg gut / schlecht?

Angallammut / Helikopterimut ilaallunga tassunga ingerlasinnaavunga?
Fahrzeug-zu(ALL) / Helikopter-zu(ALL) dabei_sein-GLEICHZ-ICH dorthin reisen-können-ICH?
Kann man mit dem Boot / Helikopter dorthin kommen?

Kuuk ikaarneqarsinnaava?
Fluss überqueren-werden(Pass.)-können-ER?
Kann der Fluss überquert werden?

Kein Witz: qaqqaqaqaaq *bedeutet „es gibt sehr viele Berge dort".*

Suna sianigisariaqarpa?
was beachten-müssen-ES?
Worauf muss man Acht geben?

Kisimiillutit pisunnak!
alleine_sein-GLEICHZ-DU gehen-VERBOT-DU!
Geh nicht alleine!

Qimusserarneq — Hundeschlittenfahrt

Schlittenhunde gibt es nur nördlich des „Hundeäquators" ab Sisimiut. Besonders wenn ihr Halter nicht dabei ist, sollte man von den Hunden respektvollen Abstand halten.

Für eine Schlittenhundefahrt können Sie sich kaum zu warm anziehen!

Oqorsar|neru|ssaa|tit.
wärmeisolieren-mehr-ZUK(sollen)-DU
Du solltest dich wärmer anziehen.

Qimmi|kka qani|lli|na|git.
Hund-meine(Mz) nahe_sein-VERBOT-DU_IHNEN!
Komm meinen Hunden nicht zu nahe!

Kii|si|sar|put.
beißen-JEMANDEN-GEWÖHNL-SIE
Sie beißen.

Iki|niar|it!
einsteigen-fest_vorhaben-Du!
Steig bitte auf.

Una tigu|llu|gu.
das_hier nehmen-GLEICHZ(BEFEHL)-das
Halt dich hier fest. *oder:* Halt das fest.

Niu|laar|langa.
absteigen-wenig(BITTE)-lass_mich!
Bitte lass mich absteigen.

Issia|annar|niar|it.
sitzen-nur-fest_vorhaben-DU!
Bleib sitzen.

Vorsicht mit dem Wort „Vorsicht“: sianiik *bedeutet „Du Dummkopf“!*

Siani|guuk! / Sianiga|lu|gu!
beachten-DU_ES! vorsichtig_sein_mit-GLEICHZ-ES!
Vorsicht!

Ulorja|nar|poq.
aufpassen-veranlassen-ES
Man muss achtgeben.

Uni|laar|pugut.
nicht_bewegen-wenig-WIR
Wir machen eine kurze Pause.

Qiuler|pit?
stark_frieren-DU?
Frierst du?

Qipis|si|sinnaa|vunga?
Decke-bekommen-können-ICH?
Kann ich eine Decke bekommen?

Isiga|arsi|vunga. / Assa|arsi|vunga.
Fuß-frieren_an(A!)-ICH / Hand-frieren_an(A!)-ICH
Mir ist kalt an den Füßen / den Händen.

Wörtlich bedeutet -^{v}ersivoq *„verloren haben" (man wird vor Kälte gefühllos).*

Issi!
Kälte
Wie kalt es ist!

Taku|uk!
sehen-DU_ES!
Schau!

Puisi|t pingasu|upput.
Robbe-Mz drei-sind.
Es sind drei Robben.

Kusanaq!
schön
Wie schön!

Kusanaq *ist eine oft gebrauchte Abkürzung des Verbs* kusanarpoq *„ist schön". Viele Verben auf* -narpoq *können mit* -naq *abgekürzt werden.*

Uti|ler|pugut.
umkehren-beginnen-WIR
Wir kehren um.

ittoqut·, -it *1*	Leithund
qimusserpoq [t]	fährt im Hundeschlitten
atisat oqortut *Mz*	warme Kleidung
qipi·k, -it *1*	Decke
qamutit *1 Mz*	Schlitten (ohne Hund)

qimuss·eq, -it *1*	Schlitten mit vorgespannten Hunden
iperaa·taq, -ttat *2*	Hundepeitsche
anu·, -t *1*	Seil, *Mz:* Zuggeschirr für Hunde
pooqatta·q, -t *1*	Packsack für Schlitten
miaggoorpoq [t]	heult *(Hund)*
illui·gaq, -kkat *2*	„Iglu", Schneehaus

Das Kajak

Grönland ist ein Paradies für Kajakfahrer: zwischen Eisbergen durch die Stille zu gleiten.

ajunaalernermi ikumati·taq, -ttat *2*	Not-Leuchtsignal
aleq, arlit *3*	Leine
assakarpoq [t]	ist umgekippt
immap assinga	Seekarte
iput·, -it *1*	Ruder
paatit *Mz 1*	Querpaddel
puttaqut·, -it *1*	Rettungsweste
qaannivi·k, -it *1*	Kajakgerüst / -ablage
qajaq, qaannat *2*	Kajak
qajartorne·q, -rit *3*	Kajaktour
saaqqutit *Mz 1*	Kajakausrüstung
umia·q, -t *1*	offenes Frauenboot
ussissarpaa	dichtet es ab

sein eigenes Kajak: qaanni

Fauna & ein wenig Flora

Die arktische Fauna und Flora sind eine der Hauptattraktionen „Grünlands". Auch für

„Steinsucher" ist die Insel ein Paradies. Vorsicht in der Nähe von Moschusochsen: Sie können angreifen. Ippernat, Mücken, sind dagegen nur lästig, dagegen hilft ippernaaqqut, ein Mückennetz.

Eisbären wird man wahrscheinlich nicht zu sehen bekommen. Im Süden bei Nanortalik (= „mit Eisbären versehen") treiben sie im Frühjahr gelegentlich auf Eisschollen heran, müssen dort aber sofort abgeschossen werden.

Suna|ana … ?
was-das_ist
Was ist das für ein … ?

… naasoq?	… eine Pflanze (Blume)?
… uumasoq?	… ein Tier?

Kalaalli|sut qanoq taa|sar|paat?
Grönländer-wie(ÄQU) wie bezeichnen-GEWÖHNL-SIE_ES?
Wie nennt man das auf Grönländisch?

Nano|qarpa? / Umimma|qarpa?
Eisbär-gibt_es? / Moschusochse-gibt_es?
Gibt es hier Eisbären / Moschusochsen?

Eqqa|ani nanoq taku|neqar|sima|voq.
Nähe-seiner_in Eisbär sehen-werden(Pass.)-VERG-ER
Es wurde ein Bär in der Nähe gesichtet.

Arfer|nik takornar|iar|ne|qarpa?
Wal-INSTR(Mz) besichtigen-gehen_zu-HW-gibt_es?
Gibt es Möglichkeiten zur Walbeobachtung ?

Aalisa|ria|rusup|punga.
fischen-gehen_zu-wünschen-ICH
Ich möchte gerne fischen.

Pisa|qar|pit?
gefangenes-haben-DU?
Hast du etwas gefangen?

Marlo|raar|punga.
zwei-Stück_erwischt_haben-ICH
Ich habe zwei gefangen.

Ami|a / Nassu|i nassar|niar|para/pakka.
Haut-seine / Horn-seine(Mz)
mitnehmen-vorhaben-ICH_ES/ICH_SIE
Ich möchte das Fell / das Geweih mitnehmen.

IMERMIUT	Wasserbewohner
aalisa·gaq, -kkat *2*	Fisch *(allgemein)*
aaveq, aarfit / aarrit *3*	Walross
aner(saar)ne·q, -rit *3*	Atemwolke eines Wals
arfe·q, -rit *3*	Wal *(allgemein)*
puisi·, -t *1*	Robbe *(allgemein)*
uutt·oq, -ut *1*	sich sonnende Robbe

wörtl. „brennend“

NERSUT	Landsäugetiere
sava·, -t *1*	Schaf
terianni·aq, -ssat *2*	Fuchs
tuttu·, -t *1*	Rentier, Karibu
uka·leq, -llit *2*	Hase
umimma·k, -at *1*	Moschusochse

auch: Sternbild „Großer Wagen“

„seine Spur“ heißt tumaa, *z. B.* tuttup tumaa *„Rentierspur“*

TIMMISSAT	Vögel
aqiss·eq, -it *1*	Schneehuhn
nattorali·k, -it *1*	Adler
nerlo·q, -rit *3*	Gans
uppi·k, -ngit *3*	Eule

Die Suffixe für „jagen“ und „fangen“, +(n)niarpoq „aus sein auf, jagen“ und +(p)poq „hat ... gefangen“ können an jedes Jagdwild gefügt werden (die Form mit nn / pp steht nach Vokal): tuttu|nniarpoq „ist auf Rentierjagd“, puisi|ppoq „hat eine Robbe erlegt“, aqisser|poq „hat Schneehühner geschossen“.

Mit -ᵛaraq bzw. -aq bildet man „ein Jungtier von ...“: qimmi|araq „Welpe“, savalaraq „Lamm“, nanor|aq „Eisbärenjunges“.

aalisarpoq [t]	fischt
aallaa·t, -sit *1*	Gewehr
allu·, -t *1*	Atemloch der Robbe
allua·q, -t *1*	Eisloch zum Fischen
aqqarpoq [t]	(Tier) tauchte ab
piniarpoq [t]	ist auf Jagd
puivoq [s]	(Tier) tauchte auf
pulappoq [tt]	zerlegt Robbe
seqqorpoq [t]	schießt

piniartoq *„Jäger“*

NAASUT	Flora, Blumen
kigutaarna·q, -t *1*	Blaubeere, Moosbeere
nerineqarsinnaanngitsoq	nicht essbar
nerineqarsinnaasoq	essbar
nuniappoq [tt]	sammelt Beeren f. später
paarna·q, -t *1*	Beere, Frucht
pukuppoq [tt]	pflückt Beeren, um sie sofort zu essen
pupi·k, -it *1*	Pilz
toqunartoq	tödlich giftig
ukaliusa·q, -t *1*	Wollgras

Es gibt Giftpilze auf Grönland!

Das Wetter

Über das Wetter Bescheid zu wissen, kann lebenswichtig sein, bevor man ins Gelände geht. Informationen bekommt man in allen Touristenbüros und Hotels in Form von meist etwas bescheidenen Ausdrucken aus dem Internet. Im Radio werden auch Wetternachrichten auf englisch durchgegeben.

Sila|ssaq ullumi / aqagu qanori|ssa|va?
Wetter-zukünftig heute / morgen wie-beschaffen_sein-ZUK-ES?
Wie wird das Wetter heute / morgen?

Qanorissava *besteht aus* qanoq *„wie“* + issava *„wird es beschaffen sein?“ (von* ippoq*), das zusammengezogen wird und dabei* -q *zu* -r *macht.*

Avataa sila qanor|i|ssa|va?
draußen_auf_See Wetter wie-beschaffen_sein-ZUK-ES?
Wie wird es auf See?

Sila|gi|ssaa|q. / Sila|rlu|ssaa|q.
Wetter-gut_sein-ZUK-ES / W.-schlecht_sein-ZUK-ES
Es wird gutes Wetter / schlechtes Wetter.

Seqinni|ssaa|q.
Sonne_scheinen-ZUK-SIE
Die Sonne wird scheinen.

Sialli|ssaa|q.
regnen-ZUK-ES
Es wird regnen.

-nar- *bedeutet „verursacht, dass man so ist“.* Panernar- *ist also „verursachend, dass man trocken ist“.*

Paner|na|ssaa|q.
trocken_sein-verursachen-ZUK-ES
Es wird trockenes Wetter sein.

Anorsarissi|ssaa|q. / Qatsu|ssaa|q.
Wind_zunehmen-ZUK-ER / windstill_sein-ZUK-ES
Der Wind wird zunehmen / nachlassen.

Anore|rsua|ssaa|q.
Wind-groß_sein-ZUK-ER
Es wird ein Sturm kommen.

Sila|gik! / Sila|rluk!
Wetter-schön! / Wetter-schlecht!
Was für ein schönes / schlechtes Wetter!

Die „Ballspiele“ des Nordlichtes nehmen Bezug auf alte mythologische Vorstellungen, wonach es die Verstorbenen sind, die am Himmel spielen.

allaaqqippoq	es ist wolkenlos	
anorersu·aq, -ut *3*	Sturm	
anorsari·k, -up *1*	frischer Wind	
arsanerit *Mz*	Nordlicht	*wörtl. „Ballspiele“*
kaperla·k, -at *1*	Winternacht	
kiatsippoq [tt]	es wird warm	
nittarpoq [t]	der Niederschlag hat aufgehört	
nui·aq, -ssat *2*	Wolke	nujaq *„einzelnes Haar!*
nuivoq [s]	es lockert auf	
panernarpoq [t]	es ist trockenes Wetter	
perlu·k, -it *1*	ausgesprochen schlechtes Wetter	
pitora·q, -t *1*	Föhnorkan vom Inlandeis herunter	*O-Gr:* piteraq
pu·joq, -tsut *2*	Nebel, Rauch	
qaammat·, -ip *1*	Mond	
qila·k, -ap *1*	Himmel	
seq·ineq, -ernup *3*	Sonne	
seqineq kaaviinnartoq	Mitternachtssonne	
sialu·k, -ip *1*	Regen	

Eis & Schnee

Beispielsweise gibt es von iigarpoq *die* -toq-*Form* iigartartoq *„regelmäßig kalbender (Gletscher)".*

Es gibt eine ganze Reihe von Grundwörtern für Eis und Schnee, allerdings keine Hunderte. Sie können mit Suffixen zu fein differenzierten Ausdrücken erweitert werden: daher kommt die nicht ganz richtige (aber auch nicht ganz falsche) Behauptung, Grönländisch habe Hunderte von Wörtern für Eis und Schnee.

Schnee	
aperlaa·q, -t *1*	frisch gefallener Schnee
apivoq [s]	es schneit (und bleibt liegen)
apusine·q, -rit *3*	Schneeverwehung
aput·, -it *1*	gefallener Schnee auf dem Boden
aqillutt·oq, -ut *1*	wassergesättigter, tauender Schnee
ilagiumaneeruppoq [tt]	ist draußen im Schnee; *übertragen:* hat Probleme
imaliliorpoq [t]	es fällt nasser Schnee
manngerta·q, -p *1*	verharschter, harter Schnee
naterna·q, -t *1*	Schneeverwehung auf dem Boden
niffa·q, -t *1*	aufgeschaufelter Schnee
nittaala·q, -t *1*	fallender Schnee
nittaalarpoq [t] *(NG)*	es schneit so, dass man kaum noch was sieht
oqquisartorne·q, -rit *3*	Schnee in Vertiefung
pers·oq, -up *1*	Schneetreiben
puka·k, -at *1*	vereiste Schneekruste
qani·k, -it *1*	große fallende Schneeflocke
qannerpoq [t] *(SG)*	es schneit so, dass man kaum noch was sieht
sullarne·q, -rit *3*	hereingewehter Schnee
teqqiinnga·q, -t *1*	überhängender Schnee

Eis	
aakkarne·q, -rit *3*	durch Strömung zerbrochene Eisdecke
iigarpoq [t]	Eis bricht vom Gletscher ab (kalbt, *auch:* uukkarpoq)
il·oq, ut *1*	Eisblume
iluli·aq, -ssat *2*	Eisberg
iluliusa·q, -t *1*	kleinerer Eisberg
kan·eq, -ip *1*	Tau, Raureif
kass·oq, -ut *1*	blau schimmerndes Eisstück
kinnertat *Mz 1*	zusammengefrorene Eisstücke, *auch:* tigunnerit, qerutit
kusu·gaq, -kkat *2*	Eiszapfen
maniillat *Mz 1*	Packeis, zusammengeschobene Eisplatten
meqqutaasat *Mz 1*	Eisnadeln
naggutit *Mz 1*	zerbrochene Meereisdecke
napajunga·q, -t *1*	Eisspitze auf einem Eisberg
nataqqorna·q, -t *1*	Hagel
nila·k, -at *1*	Eis aus Süßwasser
nutarne·q, -rit *3*	neues Eis, einen Sprung im alten Eis verheilend
pueqq·oq, -ut *1*	fürchterliche Saukälte
puineq	Eis auf fließendem Wasser, *auch:* seersinneq
putsinne·q, -rit *3*	neues Meereis auf älterem
puugutaasat *Mz 1*	Tellereisschollen (mit pizzaartig erhöhtem Rand), *auch:* piluusat
puuttaa·q, -t *1*	Eisscholle
qaqunna·k, -ap *1*	dicker Raureif
qerruppoq [tt]	ist fest- / steifgefroren; hat Frostbeulen
qillili·aq, -ssat *1*	blankes Eis ohne Schneebedeckung
qin·oq, -ut *1*	Eisbrei auf dem Meer
quasa·k, -at *1*	Glatteis
serm·eq, -it *1*	Gletscher
Sermersu·aq, -up *3*	das Inlandeis

sikkorluppoq [tt]	es ist kein tragfähiges Eis
sikkorippoq [ts]	es ist gutes, tragfähiges Eis
sikualuit *Mz 1*	kleine Eisstückchen
siku·aq, -ssat *1*	frisch gebildetes Eis
sikuiuits·oq, -ut *1*	Eismeer
sikuli·aq, -ssat *1*	neues, dünnes, nicht begehbares Eis; Speiseeis
taqallu·k, -it *1*	Vertiefung im Schnee voll Wasser und Eis
tuaa·q, -t *1*	am Strand liegendes Eis, *auch:* tullut

Fjord Tunulliarfik südlich von Narsarsuaq

Übernachtung

Es gibt Hotels unterschiedlicher Kategorien, Seemannsheime und Jugendherbergen, letztere werden oft von Dänen, Spaniern usw. betrieben. Schafsfarmen außerhalb von Ortschaften bieten ebenfalls Möglichkeit zur Übernachtung. Sie werden nicht selten von älteren Grönländern mit knappen Fremdsprachenkenntnissen bewohnt. Hier kann man sein Grönländisch mit am besten üben.

Su|mi unnui|sinnaa|vunga / unnui|sinnaa|vugut?
was-in(LOK) übernachten-können-ICH? / ...-WIR?
Wo kann ich / können wir übernachten?

Suli ini|ssa|qarpa?
noch Zimmer-ZUK-gibt_es?
Hast du noch ein Zimmer frei?

Ini|ssa|qa|nngila|q.
Zimmer-ZUK-haben-nicht-ES
Es ist alles besetzt.

Inniminne|e|reer|punga.
reservieren-ETWAS-VERG-ICH
Ich habe reserviert.

Grönländer bemalt sein Haus, Narsaq

Unnuk ataaseq / unnu|it marluk unnui|ssaa|gut.
Nacht eins / Nacht-Mz zwei übernachten-ZUK-WIR
Wir bleiben eine Nacht / zwei Nächte.

Ini|ssar|sior|punga ullaakkorsior|fi|ssa|lim|mik.
Zimmer-ZUK-suchen-ICH
frühstücken-Ort-ZUK-versehen_mit-INSTR
Ich möchte ein Zimmer mit Frühstück.

Ini|ssaq taku|sinnaa|vara?
Zimmer-ZUK sehen-können-ICH_ES?
Kann ich das Zimmer sehen?

Ein ini|ssaq *ist ein „zukünftiges Zimmer“, also eines, das man möchte, aber eben noch nicht hat.*

Nassata|kka toqqor|sinnaa|vakka?
Gepäckstück-meine(Mz)
aufbewahren-können-ICH_SIE?
Kann ich mein Gepäck (hier) aufbewahren?

Ini|ssaq qanoq ake|qa|ssa|va?
Zimmer-ZUK wie Preis-haben-ZUK-ES?
Wie viel kostet das Zimmer?

Qassinut ullaakkorsior|tar|pat / unnukkorsior|tar|pat?
wann frühstücken-GEWÖHNL-SIE? / abendessen-GEWÖHNL-SIE?
Wann ist das Frühstück / Abendessen?

Nalunaaqutaq arfineq-marlu|nut itersar|sinnaa|vinga?
Uhr sieben-zu(ALL Mz) wecken-können-DU_MICH?
Kannst du mich um sieben Uhr wecken?

Aqagu aallar|niar|punga.
morgen abreisen-fest_vorhaben-ICH
Ich möchte morgen abreisen.

Ullu|t marluk qaangi|u|ppa|ta uti|ssaa|nga.
Tag-Mz zwei vorbeigegangen-sein-WENN-SIE zurückkehren-ZUK-ICH
Ich komme in zwei Tagen zurück.

...-mik pi|sariaqar|punga.
-INSTR etwas-brauchen-ICH
Ich brauche ...

Torersaa|laar|niar|it! / Aasa|a|laar|niar|it!
ordnen-wenig(BITTE)-fest_vorhaben-DU! / wischen-etwas-(A!)...
Bitte mach ein wenig sauber / wisch einmal durch!

Das |a| *von* aasaalaarniarit *im untersten Satz dieser Seite wird wegen des Wechsels des eigentlich zielenden Verbs* aasaa|vaa *„er wischt es" zu der nichtzielenden Form* -laarniarit *eingeschoben. Die nichtzielende Form bekommt nach dem Stamm* aasa- *„wischen" ein* -i- *angehängt, das wegen A! zu* -a- *wird und „etwas" bedeutet:* aasa|a *„wischt etwas".*

Matuersaat katap|para.
Schlüssel verlieren-ICH_IHN
Ich habe den Schlüssel verloren.

Zelten

Sumiluunniit tuper|sinnaa|vunga?
irgendwo zelten-können-ICH?
Kann ich hier irgendwo zelten?

-luunniit „oder" bedeutet auch „irgend-": daher sumiluunniit „irgendwo".

Ippernaar|saat pi|sariaqar|tip|para.
Mücke-entfernen-Mittel etwas-benötigen-betroffen-ICH_ES
Ich brauche etwas gegen Mücken.

Ipperna|nut nitse|qar|pit?
Mücke-zu(ALL Mz) Netz-haben-DU?
Hast du ein Mückennetz?

Anartarfik ator|sinnaa|vara?
WC gebrauchen-können-ICH_ES?
Darf ich das WC benutzen?

Gassi|mik / Spritti|mik / Binsiini|mik / Pitruuliu|mik tuni|si|sar|pit?
Gas-INSTR / Spiritus-INSTR / Benzin-INSTR / Petroleum-INSTR verkaufen-etwas-GEWÖHNL-DU?
Verkaufst du auch Gas / Spiritus / Benzin / Petroleum?

Essen & Trinken

Obwohl die Auswahl etwas begrenzter ist, gibt es in größeren Ortschaften schöne Restaurants und gemütliche Kneipen.

Die Einzahl ullaakkorsiut *bedeutet merkwürdigerweise „Radieschen".*

ullaakkorsiutit *Mz*	Frühstück
ulloqeqqasiutit *Mz*	Mittagessen
unnukkorsiutit *Mz*	Abendessen

Um daraus ein Verb zu machen, ersetzt man -siutit *durch* -siorpoq: ullaakkorsiorpoq *„frühstückt".*

Kaffi|so|riartor|ta! / Paaja|to|riartor|ta!
Kaffee-trinken-gehen_um_zu-lass_uns! / Bier- ...
Gehen wir auf einen Kaffee / ein Bier!

Die Endung -ta entspricht „lass uns ...".

Ataasi|nnguar|to|riartor|ta!
eins-klein-trinken-gehen_um_zu-lass_uns!
Gehen wir einen kleinen heben!

Saqi|soq!
umhergehen-NOM
Kellner / Ober!

Tassani issia|so|qanngila?
hier sitzen-NOM-gibt_es_nicht?
Sitzt hier jemand?

Achtung, verneinte Frage: Aap / Suu *= „es sitzt niemand da"!*

Nerisassat allas|sima|ffi|at qaa|laar|uk.
Gericht(ABH Mz) schreiben-VERG-Ort-ihre komm'-wenig(BITTE)-DU_IHN!
Bring bitte die Speisekarte.

Qaa|laa|ruk.
komm-wenig(BITTE)-DU_ES!
(höfliche Bitte, etwas zu bringen)

Bestiile|rusup|pugut.
bestellen-mögen-WIR
Wir möchten gerne bestellen.

Neqe|qa|nngi|tsu|mik nerisassa|qarpa?
Fleisch-haben-nicht-NOM-INSTR Gericht-gibt_es?
Hast du auch vegetarische Gerichte?

-to|rusup|punga.
-essen/trinken-mögen-ICH
Ich hätte gerne ...

Neri|lluar|isi.
essen-gut_machen-IHR!
Guten Appetit!

-raajuk *kommt von* -gaa / -raa, *das an Verben „hält es für ..." bedeutet. Es ist verkürzt aus* -rivajuk *„hältst du es für ...".*

Mama|raa|juk?
schmackhaft-halten_für-DU_ES?
Hat es geschmeckt?

Tass' mamaq!
das_is' gut_schmeck'
Das ist eine Delikatesse!

Tass' *und* mamaq *sind Abkürzungen, wie sie die alltägliche Umgangssprache so gerne macht.*

Sioraasat / Tarajuusivik / Qasilitsulivik qaa|laar|uk.
Zucker(Mz) / Salzstreuer / Pfefferstreuer komm'-wenig(BITTE)-DU_ES!
Reich mir bitte den Zucker / das Salz / den Pfeffer.

Regningi pi|sinnaa|vugut?
Rechnung etwas_bekommen-können-WIR?
Können wir die Rechnung bekommen?

Getränke

„Nur" im Deutschen bleibt oft unübersetzt. -innaq *entspricht ihm nicht immer.*

Arlaa|nik najorsi|nia|ssa|agut.
eines_davon-INSTR
etwas_trinken-fest_vorhaben-ZUK-WIR
Wir möchten (nur) etwas trinken.

Tii|mik ataatsi|mik kaffi|nil|lu marlun|nik pi|sinnaa|vugut?
Tee-INSTR eins-INSTR Kaffee-INSTR(Mz)-und zwei-INSTR(Mz) etwas_bekommen-können-WIR?
Bring uns bitte eine Tasse Tee und zwei Tassen Kaffee.

imeru|er|saat|i|ssat *1 Mz*	Getränk
durstig_sein-entfernen-Mittel-BV-ZUK(Mz)	
ime|ruppoq [tt]	ist durstig
Wasser-hat_Verlangen_nach	
imi|gassa·q, -t *1*	alkoholisches Getränk
trinken-etwas_zum	
aalakoor|nar|tor|ta|qa|nngi|tsoq	alkoholfrei
berauscht_sein-veranlassen-NOM-Anteil-haben-nicht-NOM	
imigassar|tor|ti|tsi|ne·q, -rit *3*	Alkoholausschank
Getränk-trinken-JEMANDEN-veranlassen-HW	
immia|a·raq, -qqat *2*	leichteres Bier
Bier-junges	
immia·q, -ssat *2*	Bier

Vollmilch: immuk kimittuneq
Das „d" wird hier nicht gesprochen (siehe Kommentar auf der nächsten Seite).

immu·k, -it *1*	Milch
kaffi·, -t 1	Kaffee
mineralvandi·, -t *1*	Mineralwasser
nillorut·, -it *1*	Eiswürfel
safti·, -t *1*	Fruchtsaft
sodavandi·, -t *1*	Cola, Limonade
tii·, -t *1 (Ausspr.* [tsii]*)*	Tee

Wenn mal etwas nicht so ist, wie es sollte ...

Mattusuu|juvoq. / Niller|poq. / Aapaartu|uvoq.
zäh-ist / kalt_sein-ES / nicht_gar-ist
Es ist zu zäh / kalt / nicht gar!

Nerisassa|ra tiki|nngila|q.
Gericht-mein angekommen_sein-nicht-ES
Ich habe mein Gericht noch nicht bekommen.

Utoqqatser|punga, ...-qa|nngila|nga.
s.entschuldigen-ICH ...-haben-nicht-ICH
Entschuldigung, es fehlt ....

Akiligassat ilua|nngi|tsu|soraa|ra.
Rechnung richtig_sein-nicht-NOM-glauben_dass-ICH_ES
Ich glaube, die Rechnung stimmt nicht.

Ataatsi|mik mineralvande|qar|pugut.
eins-INSTR Mineralwasser-haben-WIR
Wir hatten (nur) ein Mineralwasser.

Manchenorts ist die Versorgung mit Frischmilch leider nicht so gut. Dafür gibt es überall immuit panertut *Mz „Trockenmilchpulver" Wer's mag ...*

Ein Sammelwort für „Besteck" gibt es nicht.

Das „d" des dänischen Wortes mineralvand *(wie auch in* soda-vand*) wird nicht gesprochen, nur geschrieben. Deshalb ist es hier grau. Im Grönländischen endet das Wort auf* -i.

Kalaalimineq - grönländische Lebensmittel

In gewissem Umfang hat sich die traditionelle grönländische Ernährung erhalten. Sie bestand im wesentlichen aus Fleisch von Meeressäugern, Fisch, Vögeln, Ren und Moschusochsen. Gemüse, Obst (außer Angelica, Tang, Beeren) und Gewürze (insbesondere Salz) waren ursprünglich unbekannt. Heute bedeutet das kalaali|mineq in erster Linie das Bewahren

In der folgenden Übersicht über die heutige grönländische Küche gebe ich bei einigen die Form mit dem angehängten „sein(e)", z. B. kujaa *„seine Niere", da sie in Zusammensetzungen vorkommt.*

kalaali|mineq *wörtl. „Stück vom Grönländer“* kalaali|mine|erniar|fik *Grönländer-Stück-verkaufen-Ort*

der kulturellen Wurzeln. Auf dem grönländischen Markt kalaali|mine|erniar|fik sowie in Läden gibt es solche Lebensmittel zu kaufen.

	neqi	**(Frisch-)Fleisch** *(ohne Fisch)*
kujaa	**kuja·k, -at** *1*	Niere
	nersuteer·aq, -qqat *2*	Kalb
nikkua, *Mz:* nikkui	**nikku·, -t** *1*	Trockenfleisch
	puuluki·, -t *1*	Schwein
quttoraa	**qutto·raq, -qqat** *2*	Keule, Schinken
	savaa·raq, -qqat *2*	Lamm
tingua	**tingu·k, -it** *1*	Leber
	ussi·k, -it *1*	Ochse

Für Ausdrücke wie z. B. „Ochsenfleisch“ verbindet man den *ABH* mit neqaa „sein Frischfleisch“, z. B. ussiup neqaa, oder mit nikkua „sein Trockenfleisch“, z. B. tuttup nikkua „getrocknetes Rentierfleisch“. Derartige Zusammensetzungen bildet man auch mit kujaa, quttoraa usw., oder mit -mineq „Stück von“: puulukimineq „Schweinefleisch“.

Suum|una neqa|a?
wessen-das_ist Fleisch-seines
Was für ein Fleisch ist das?

	aalisagaq	**Fisch**
	ammassa·k, -at *1*	Lodde, Kapelan
auch: Seesaibling	**eqalu·k, -it** *1*	Lachsforelle
	kana·joq, -ssut *2*	Seeskorpion
nerpia	**nerpi·k, -it** *1*	Fischfilet, -fleisch

nipisa·q, -t *1*	Steinbeißer	
qalera·lik, -llit *2*	Schwarzer Heilbutt	
qee·raq, -qqat *2*	Gestreifter Seewolf	
saarulli·k, -it *1*	Dorsch, Kabeljau	
suaat *Mz 1*	Rogen	suai *(Mz)*
suluppaa·gaq, -kkat *2*	Großer Rotbarsch	
uugaq / uuaq, uukkat *2*	Ogac *(Dorschart)*	

Meeressäuger		
matta·k, -at *1*	Walhaut	
nats·eq, -iit *3*	Ringelrobbe	*ABH:* natsiup
natsersu·aq, -it *3*	Klappmütze	
ors·oq, -ut *1*	Speck	orsua
qilalu·gaq, -kkat *2* **qernertaq**	Narwal	
qilalu·gaq, -kkat *2* **qaqortoq**	Beluga	
qipo·raq, -qqat *2*	Bauchstück v. Bartenwal	qiporaa
sarpi·k, -it *1*	Schwanzflosse vom Wal	sarpia
taler·oq, -ut *1*	Seitenflosse	talerua
tikaagulli·k, -it *1*	Zwergwal	

Sonstiges aus dem Wasser	
assagiarsu·k, -it *1*	Krabbe
kissavaasa·q, -t *1*	Kammmuschel
miteq, meqqit *3*	Eiderente
qilannga·q, -t *1*	Papageientaucher
uiluiit *Mz 1*	Austern

ilussai *Mz 1*	Beilage
kinguleqqiut·, -it *1*	Dessert
mise·raq, -qqat *2*	Soße
siuleqqiut·, -it *1*	Vorspeise

Zubereitungsarten	
(maskiinamik) panert·oq, -ut *1*	(maschinell) getrocknet (*auch:* panertitaq)
amii·gaq, -kkat *2*	gehäutet, in Stücken (*von:* amelerpaa „entfernt die Haut")
aserorta·q, -t *1*	gehackt (*Fleisch*), zerstört
kitsi·gaq, -kkat *2*	in Scheiben
niaqoqanngits·oq, -ut *1*	ohne Kopf (*Fisch*)
nillataartumiitinneqassaaq	Tiefkühlware (*wörtl.:* „wird ins Gefrierfach gesteckt")
ooqanngits·oq, -ut *1*	roh (*Fleisch*)
pujuu·gaq, -kkat *2*	geräuchert
qeris·oq, -ut *1*	gefroren
qua·q, -p *1*	gefrorenes/r Fleisch / Fisch
seernartuli·gaq, -kkat *2*	mariniert (*auch:* marinerersaq / marinerigaq)
siataq / siatassiat	gebraten (siappaa „brät es")
suaasaliassaq	Zutaten für die traditionelle suaasat-Suppe
sualli·k, -it *1*	mit Rogen
uu·taq, -ttat *1*	warm zubereitet (*allg.*)
uullia·q, t *1*, **uullisaq**	kochfertig geschnitten (*von:* uullivoq „schneidet in Stücke")
uusoq, uusuliaq	gekocht (uuppaa „kocht es")

-liugassaq ist fertige (Tiefkühl-)Kost. Lasagnialiugassaq ist demnach eine „zukünftig fertiggemachte Lasagne", die man also nur noch aufwärmen muss.

Suaasat (*Mz*) ist eine Suppe mit Reis, Gemüse, Zwiebeln und separatem (meist Robben-) Fleisch.

Weniges an Obst und Gemüse hat grönländische Namen, sondern dänische wie banani, appelsiina, kartoffeli (*Mz* immer auf -t).

Obst & Gemüse		
gulerodit, guuluruujut *Mz 1*	Gelbe Rüben, Karotten	
iipili·, -t *1*	Apfel	
kimmerna·q, -t *1*	Preiselbeere	
kuann·eq, -it *1*	essbare Angelica	kuann·eq = *von den isländischen Siedlern stammendes Wort* hvönn
naatsiia·q, -t *1*	Kartoffel	*wörtl. „was man wachsen lässt“*
paarna·q, -t *1*	Schwarzbeere	
sulluits·oq, -ut *1*	essbarer Tang	
tupaarna·q, -t *1*	Arktischer Thymian	
uanits·oq, -ut *1*	Zwiebel	

Brot, Butter und alles dazu		
iffia·q, -t *1*	Roggenbrot *(SG)*	
iffiaq-qaqortoq	Weißbrot	*auch:* qaqortuli·aq, -t *2*
iffiu·gaq, -kkat *2*	Backwerk	
qaqortuliaq qallersugaq	belegtes Weißbrot	
qiteqqu·taq, -ttat *2*	ein halbierter (Laib)	
timiusia·q, -t *1*	Roggenbrot	*NG; bei Sisimiut:* tiggaliaq
igutsaap tungusunnitsuutaa	Honig	
immi·gaq, -kkat *2*	Rollwurst aus Lammfleisch	*auch:* rullepølse
immussu·aq, -it *3* **(kitseriigaq)**	(Scheiben) Käse	
mamalaa·q, -t *1*	Marmelade	*wörtl. „bisschen gut schmeckend“*
punne·q, -rit *3*	Butter	
qallersuutissat *Mz 1*	Brotbelag	

qallersuutissia·q, -t *1*	Schnittwurst
tunn·oq, -ut *1*	Talg vom Ren
manni·k, -it *1*	Ei
pølse, pølsit *1*	Würstchen
qajuusat *Mz 1*	Weizenmehl
qaqorteqqasut *Mz*	Reis
sioraasat *Mz 1*	Zucker
suaasat *Mz 1*	Reis

klingt fast wie [pølsi]

Stück Zucker: sukku

-lik *heißt „versehen mit“, z. B.* immussua|lik *„mit Käse“*

„Mehl“, „Zucker“ usw. steht deswegen in der Mehrzahl, weil es einzelne Körner sind (so wie wir ja auch „Nudeln“ sagen). Daher kaffit *Mz* = Kaffeepulver / -bohnen, aber kaffi = Kaffee als Getränk.

Qanerissaat	**Süßes nach dem Essen**
kaagi·, t *1*	Kuchen
kaagia·raq, -qqat *2*	Keks
mamakujuit *Mz 1*	Süßigkeiten
siku·, -t *1*	Speiseeis
sukkulaati·, -t *1*	Schokolade

wörtl. „Kuchenjunges“

-guppoq [tt] bedeutet „Verlangen haben nach etwas“, z. B. sukkulaatiguppoq „hat Lust auf Schokolade“. Ich bin ein sukkulaatiguttorsuaq (besonders beim Schreiben eines Grönländisch-Sprachführers).

Einkaufen

In ganz Grönland bieten Supermärkte europäische / dänische Lebensmittel an. Daneben gibt es die Möglichkeit, frischen Fisch, Robben- und Rentierfleisch, Walhaut usw. auf grönländischen Märkten zu bekommen.

Kalaalimineerniarfik – der grönländische Markt

Kalaalimineerniarfik ist oft nur ein kleiner, überdachter Tisch. Die Marktzeiten sind unterschiedlich, je nach Fangergebnis.

Seien Sie mit rohem Fleisch oder Fisch etwas vorsichtig wegen der Trichinengefahr.

Mattam|mik neri|sima|nngisaannar|punga.
Walhaut-INSTR essen-VERG-niemals-ICH
Ich habe noch nie Mattak (Walhaut) gegessen.

Ooqattaar|sinnaa|vara?
versuchen-können-ICH_ES?
Kann ich das mal probieren?

Immannguaq|annaq.
wenig-nur(A!)
Nur ein kleines Stück.

Im Laden & Supermarkt

Auch die Öffnungszeiten sind abends teilweise kürzer als bei uns. Am Sonntag ist meist alles zu.

Die Auswahl in den unterschiedlich großen Supermärkten ist bisweilen begrenzt, und Nachlieferungen können auf sich warten lassen. Alkoholische Getränke gibt es ausschließlich an eigenen Ständen neben den Bäckereien und Zeitschriftentheken.

Beim Wort „kaufen" muss man unterscheiden:
1. ...+mik pisivoq „etwas *(unbestimmtes)* kaufen",
z. B. saarullinnik pisivoq „kauft Dorsche";
2. pisiarivaa „kauft es, kauft das ... *(bestimmte)*",
z. B. illu pisiarivaa „kauft das Haus".

Su|mi ... +si|sinnaa|vunga?
was-in(LOK) ...-kaufen-können-ICH?
Wo bekomme ich ...?

...-mik tuni|laa|nnga.
... (INSTR) geben-wenig(BITTE)-DU_MIR!
Gib mir bitte einen / eine / ein ...

Allanartut	aus fremden Ländern, Gewürze
Immiaaqqat imigassallu kimittuut	Bier und alkoholische Getränke
Kaffit, Tiit, Viinit	Kaffee, Tee, Wein
Kioski	Kiosk
Nillataartut	Tiefkühlkost
Saftit	Säfte
Paarnat – Naatitat	Obst – Gemüse
Neqeroorutit	Sonderangebote
Uffarnermi atortut	Für das Badezimmer
Nangertut serviettillu	Windeln und Servietten
Imigassat sakkortuut	hochprozentige alkohol. Getränke
Puuiaasat utertitat	Flaschenrückgabe

Atisaarniarfik	Kleidung	
Atortussaarniarfik	Eisenwaren	*auch: Baumarkt*
Atuagaarniarfik	Buchhandlung	
Iffiorfik	Bäckerei	
Imigassaarniarfik	Getränkemarkt	
Isaruaarniaq	Optiker	*Alle Wörter auf* -fik *1*
Neqaarniarfik	Metzgerei	*haben Mz auf* -fiit.

Hof|i|t arfinillit puussiar|lu.
Hof-BV-Mz sechs Tüte-und
Sechs „Hof" in der Tüte.

Bier wird im Sechserpack verkauft.

Tupilak & qiperugaq: **Souvenirs**

Beliebte Souvenirs sind Schnitzereien (qiperugaq „Geschnitztes") aus Elfenbein verschiedener Tiere. Kontrollierte Jagd ist erlaubt, um den letzten Jägern die Bewahrung der Inuitkultur zu ermöglichen. Sie benötigen jedoch unbedingt eine Ausfuhrbescheinigung (CITES-Bescheinigung), und das Produkt muss in Liste II oder III (*nicht* Liste I) aufgeführt sein.

Ein tupilak *ist heute eine Schnitzfigur, die einen Geist darstellen soll. Früher waren Tupilaks kleine Bündel aus verschiedenen tierischen Materialien, die dem Empfänger den Tod bringen sollten.*

a·meq, -mmit *2*	Fell	*sein Fell:* amia
qulleq orsutortoq	Tranlampe	*z. B. aus Speckstein, Mz:* qulliit *3*
qiperorpaa [qiperuivoq]	schnitzt es (-mit *aus*)	
soqqa·q, -at *2*	Walbarte, Walknochen	
tupila·k, -at *1*	Tupilak	
tuugaa·q, -t *1*	Stoßzahn	*sein Stoßzahn:* tuugaava
ukkusissa·q, -t *1*	Speckstein	
ulu·, -t *1*	halbmondförmiges Schabemesser	*O-Gr:* sakkeq

Qassinut ammalsarlpa?
wann öffnen-GEWÖHNL-ER?
Wann hat er gewöhnlich auf?

Ullulmi / Aqagu ammalssalva?
Tag-in(LOK) / morgen offen_sein-ZUK-ES?
Ist heute / morgen geöffnet?

Qanoq akelqalssalva?
wie Preis-haben-ZUK-ES?
Wie viel soll es kosten?

Für die dänische Landeswährung Krone hört man auch kroo *oder* koruuni.

Kiilulmut 40 kronelqarlpoq. Pilssalviuk?
Kilo-zu(ALL) 40 Krone-haben-ES etwas_nehmen-ZUK-DU_ES?
40 Kronen pro Kilo. Möchtest du es?

Akilkinnerulsulmik pelqalnngilaltit?
Preis-weniger-NOM-INSTR etwas-haben-nicht-DU?
Hast du nichts billigeres?

Kreditkortilkkut akilerlsinnaalvunga?
Kreditkarte-über(VIA) bezahlen-können-ICH?
Kann ich mit Kreditkarte zahlen?

Tamarmik qanoq akelqarlpat?
alle wie Preis-haben-SIE?
Wie viel kostet das alles zusammen?

Ataatsilmik normulmik annerulsulmik / minnerulsulmik pelqarpa?
eins-INSTR Nummer-INSTR größer-NOM-INSTR / kleiner-... etwas-gibt_es?
Hast du das eine Nummer größer / kleiner?

Katersortarfik – Das Versammlungshaus

Das Versammlungshaus ist bei schlechtem Wetter manchmal die einzige Alternative zu Unternehmungen im Freien. Im Sommer ist es allerdings oft geschlossen.

Katersor|tar|fim|mi so|qassava?
s.versammeln-GEWÖHNL-Ort-in(LOK) was-wird_es_geben?
Was gibt es im Katersortarfik?

Isiginnaar|titsi|sso|qarpa?
zuschauen-jemand_veranlassen-ERGEBNIS-gibt_es?
Gibt es eine Theateraufführung?

-sso kommt vom Suffix -ssut, das oft das Ergebnis einer Handlung beschreibt, z. B. von tuni|vaa „gab ihm“: tuni|ssut „Geschenk“.

Su|mi billetsi|si|sinnaa|vunga?
was-in(LOK) Karte-kaufen-können-ICH?
Wo kann ich Karten bekommen?

Aasa|a|ner|ani matoqqa|neq / Matoqqa|galla|ssaa|q.
Sommer-sein-HW-in_seinem(LOK) verschlossen_sein-HW / verschlossen_sein-vorübergehend-ZUK-ES
Schließung während des Sommers. / Vorübergehend geschlossen.

Das |a| *von* aasaanerani *stammt von* -uvoq *„ist“, das an* aasa- *angeglichen wird:* aasa|avoq *„es ist Sommer“. Daran tritt* -neq *an:* aasa|aneq *„das Sommersein“. Die Endung* -ani *„in seinem“ muss hier mit „während“ übersetzt werden.*

Fotografieren

Übrigens: Grönländer sind ausgesprochen kinderfreundlich.

Beim Fotografieren gilt wie überall: erst fragen. Grönländer lassen sich mit den oft zahlreichen Kindern schon mal gern fotografieren. Schicken Sie doch ein Foto zu!

Assilii|sinnaa|vassi?
abbilden-können-ICH_EUCH?
Darf ich ein Foto von euch machen?

-us- kommt vom ziemlich schwierigen Suffix -(ss)uppaa. Es bedeutet in etwa „zum Sprecher hin" etwas tun, also „mir".

Aqqi|t najukka|l|lu tuni|us|sinnaa|viuk taava nassi|ssa|vakkit.
Name-dein Adresse-dein-und geben-ZU(MIR)-können-DU_ES dann senden-ZUK-ICH_DIR
Geben Sie mir bitte Ihre Adresse, dann sende ich es Ihnen zu.

Assi|lissa|t qaqugu ini|ssa|ppat?
Bild-gemachte-Mz wann fertig_sein-ZUK-SIE?
Wann sind die Bilder fertig?

Una ingerla|nngila|q / aseror|poq.
das_hier s.bewegen-nicht-ES / kaputt_sein-ES
Das hier klemmt / ist kaputt.

Iluarsar|sinnaa|viuk?
reparieren-können-DU_ES?
Kannst du das reparieren?

Nutaa|nik batteri|ler|sinnaa|viuk?
neu-INSTR Batterie-versehen_mit-können-DU_ES?
Kannst du das mit neuen Batterien versehen?

Polizei

Grönland birgt leider keine heile Welt. Gewalt innerhalb der Familie, Alkoholismus und Arbeitslosigkeit sind die Schattenseiten der grönländischen Gesellschaft. Besonders an Wochenenden, wenn der Lohn ausgezahlt wird, steigt der Alkoholkonsum.

Solange man sich aber von Betrunkenen fernhält, hat man eigentlich nichts zu befürchten.

... nalunaarutiga|ra.
melden-ICH_ES
Ich will ein(en) ... melden.

tillinne·q, -rit *3*	Diebstahl
saassussine·q, -rit *3*	Überfall
ajunaarut·, -it *1*	Verlust

... katap|para.
... verlieren-ICH_ES
Ich habe ... verloren.

... tillif|figi|tip|punga.
... stehlen-jemandem_antun-betroffen_sein-ICH
Mir wurde ... gestohlen.

Saassun|neqar|punga.
überfallen-werden(Pass.)-ICH
Ich wurde überfallen.

Kannguttaal|lior|figi|neqar|punga.
unverschämt_sein-machen-antun-werden(Pass.)-ICH
Ich wurde belästigt.

Die Silbe -al- *in* kannguttaalliorfigineqarpunga *ist das Suffix* -ip- *„ist nicht, ist un-...", das nach* kangutta- *zuerst zu* -ap- *wurde (A!). Daran kam noch verschmelzendes* -lior-: kanngutta|ap + lior = kannguttaallior-. *Das Suffix* -figi- *(von* -figivaa*) bedeutet, dass das Ganze demjenigen angetan wurde, der in der Endung steckt, hier* -punga = *ich.*

Qaninniarneqarpunga.
nahesein-fest_vorhaben-werden(Pass.)-ICH
Ich wurde bedrängt.

Qimmip kiivaanga / saassuppaanga.
Hund-ABH beißen-ER_MICH / angreifen-ER_MICH
Der Hund hat mich gebissen / angegriffen.

Politiinut nalunaarutiigissavakkit.
Polizei-zu(ALL Mz) Meldung-BV-tun_bezüglich-ZUK-ICH_DIR
Ich werde dich bei der Polizei anzeigen.

Eqqissiniarit!
Gib Ruhe!

Ikiortissamik!
Hilfe!

Post, Bank & Telefon

Im Geldautomat kommen folgende Meldungen – sollte er nicht auch englischsprachig sein.

In diesen Bereichen kommen Sie meist mit Englisch und immer mit Dänisch durch. Ja Sie können hier sogar auf nicht-grönländischsprachiges Personal treffen.

KORTI IKKUGUK.	Karte einführen.
KODET NAQIGUK, GODTKENDT TOORUK.	PIN eingeben, GODTKENDT drücken.
ANINGAASAT TIGUNIAKKAVIT NALAA TOORUK.	Gewünschten Geldbetrag eingeben.
UTAQQIGIT.	Warten.
EQQAAMAKKIT ANINGAASAT ALLAGARTAALLU.	Quittung nicht vergessen.

euro·, -t *1*	Euro
aningaasanik tigusivoq	hebt Geld ab
pengeautomati·, -t *1*	Geldautomat
allakkerivi·k, -it *1*	Post
internettilik cafe	Internetcafé
mobili·, -t *1*	Mobiltelefon

Allakka|nut nakkartitsi|sar|fik naak?
Brief-zu(ALL Mz) einwerfen-GEWÖHNL-Ort wo-ist?
Wo ist ein Briefkasten?

Su|mi siani|ssinnaa|vunga?
was-in(LOK) telefonieren-können-ICH?
Wo kann ich telefonieren?

... oqalo|qatigi|laar|sinnaa|vara?
... *sprechen-gemeinsam_tun_mit-wenig(BITTE)-können-ICH_IHM?*
Kann ich mit ... sprechen?

Siane|qqi|ssaa|nga.
anrufen-wieder-ZUK-ICH
Ich rufe nochmal an.

Oqar|figi|laar|uk siane|qqu|llu|gu.
sagen-tun_bezüglich-wenig(BITTE)-DU_IHM anrufen-bitten-GLEICHZ-IHN
Sag ihm / ihr bitte, dass er / sie zurückrufen soll.

Normu|ga tassa ...
Nummer-meine das_ist ...
Meine Nummer ist ...

Alle Wörter der IT-Welt stammen aus dem Englischen und erhalten meist ein -i angehängt. Dennoch haben sich auch einige grönländische Bezeichnungen eingebürgert.

auch: computeri	**qarasaasia·q, -t** *1*	Computer
	nittarta·gaq, -kkap *2*	WWW
	internetti·, -t *1*	Internet
auch: Weblink	**nittartakkap adressia·, -i** *1*	Internetadresse
	internettikkoorpoq [t]	surft im Internet
	e-maili·, -t *1*	E-Mail
	e-mailimi naju·gaq, -kkat *2*	E-Mail-Adresse
	e-mailimik nassitsivoq [s]	sendet E-Mail

E-maili|t pi|lara.
E-mail-deine etwas_geben-mal_DU_ES!
Gib mir doch mal deine E-Mail-Adresse.

Krank sein

Mögen Sie folgende Sätze nie gebrauchen müssen!

Ajoquser|punga.
zu_Schaden_kommen-ICH
Ich hatte einen Unfall.

Nakorsaq qaa|qqu|palla|guk! / Politii|t qaa|qqu|palla|kkit!
Arzt komm'-bitten-schnell-DU_IHN / Polizist-Mz komm'-bitten-schnell-DU_SIE
Hol sofort einen Arzt / die Polizei!

Inuk ataaseq ikiligalavoq. / Ikiligaqarpoq.
Mensch einer Verletzter-ist (A!) / Verletzter-es_gibt
Es gibt einen Verletzten.

Nakkakattartoqarpoq.
hinunterfallen-NOM-es_gibt
Es ist jemand abgestürzt.

Kinnguvoq.
umstürzen-ER
Er ist gekentert.

Sikukkut nakkarpoq.
Eis-durch(VIA) fallen-ER
Er ist durch das Eis gebrochen.

Isippoq.
ins_Wasser_fallen-ER
Er ist ins Wasser gefallen.

Krankheit

Ärztliche Hilfe findet man im napparsimmavik (Krankenhaus), nakorsiartarfik (Ärztehaus) oder kiguliseriffik (dem zahnärztlichen Dienst).

Napparsimavunga.
krank_werden-VERG-ICH
Ich bin krank.

Nakorsialatillaannga.
zum_Arzt_gehen-mit-wenig(BITTE)-DU_MIR!
Bitte bring mich zum Arzt.

-ati- *(A!) kommt auch vom recht schwierigen Suffix* -(ss)uppoq *„etwas für / mit jemandem tun".*

Naak nakorsaataarniarfik qaninneq?
wo_ist Apotheke nächste
Wo ist die nächste Apotheke?

Tale|ra napi|sima|vara.
Arm-mein brechen-VERG-ICH_IHN
Ich habe mir den Arm gebrochen.

illuppoq [tt]	ist schneeblind
marniliuuppoq [tt]	ist entzündet
meriannguvoq [s]	ihm ist schlecht
niaqorluppoq [tt]	hat Kopfschmerzen
nualluppoq [tt]	hat Grippe
pillukarsimavoq [s]	ist verstaucht, verrenkt
pullappoq [tt]	ist geschwollen
quersorpoq [t]	hustet

... annera|ra.
... Schmerz_fühlen_in-ICH_ES
Mir tut ... weh.

Ivikka|nik sapiga|qar|punga.
Gras-INSTR(Mz) Allergie-haben-ICH
Ich bin allergisch gegen Gräser.

Zahnarztpraxis

Suffixliste

Hier sind fast alle im Buch vorkommenden Suffixe erklärt mit Ausnahme der bereits im Grammatikteil erwähnten Beugungen sowie Formen wie -toq, -neq usw.

Ein grönländisches Wort besteht meist aus Grundwort | Suffixe | Beugungsendung (nur in dieser Reihenfolge).

Bei nichtzielenden Verben auf -oq folgt in [ ] der Kennlaut der -toq-Form bzw. die unregelmäßige -toq-Form (z. B. -erniaq).

Bei zielenden Verben steht in <> die Form, die deutschem „etwas, jemanden“ entspricht.

In { } gebe ich für einige Suffixe durch Angleichung oder sonstige Regeln etwas veränderte Formen, die vielleicht nicht so leicht erkannt werden.

Die Suffixe auf g / kk / r beginnen ohne Ausnahme:

Die Bedeutung der Grundwort-Beispiele können Sie in der Wörterliste nachschlagen.

Beispielsweise bedeutet -^{v}erpaa *„entfernte es von ihm“, dagegen* -^{v}ersivoq *„entfernte etwas von ihm“, das* -si- *drückt hier also ein unbestimmtes Etwas aus. Siehe* -i-, -si-.

bei V-Stämmen mit g:	
suli|voq „arbeitet“	**suli|gajuppoq** „arbeitet oft“
bei K-Stämmen mit kk:	
sinip|poq „schläft“	**sinik|kajuppoq** „schläft oft“
bei R-Stämmen mit r:	
pulaar|poq „besucht“	**pulaa|rajuppoq** „besucht oft“

Bei zielenden Verben unterstreiche ich das in der Endung enthaltene Ziel: -lerpaa „er versieht <u>ihn</u> mit...“. Eine andere Endung verändert das Ziel: -anga „er>mich“. So entsteht -lerpaanga „er versieht <u>mich</u> mit ...“

<table>
<tr><th colspan="3">Suffixe an Hauptwörtern, die wieder Hauptwörter erzeugen</th></tr>
<tr><td>-^{v}araq</b> <i>Mz</i> <b>-^{v}aqqat 2</td><td>Tierjunges; Mini-</td><td>illu|araq Häuschen</td></tr>
<tr><td>-innaq Mz -innaat 3</td><td>nur</td><td>ullu|innaq nur ein Tag {-annaq A!}</td></tr>
<tr><td>-koq Mz -kut 1</td><td>ehemalig</td><td>kami|koq ausgelatschter Stiefel</td></tr>
<tr><td>-liaq Mz -lissat 2 / -liat 1</td><td>gemacht</td><td>kaagi|liaq der selbstgemachte Kuchen</td></tr>
<tr><td>-lik Mz -llit 3</td><td>versehen mit</td><td>puisi|lik Ort mit Seehunden {-li -lim -le QR!}</td></tr>
<tr><td>-mineq Mz -mern(g)it 3</td><td>ein Stück</td><td>matta|mineq Stück Walhaut</td></tr>
<tr><td>+miu Mz +miut 1</td><td>Einwohner</td><td>Nuum|miu Einwohner von Nuuk</td></tr>
<tr><td>-nnguaq Mz -nnguit 3</td><td>klein, niedlich, positiv</td><td>ini|nnguaq gemütliches Zimmerchen</td></tr>
<tr><td>-palaaq Mz -palaat 1</td><td>schlecht, elend, schlimm</td><td>aqquti|palaaq ein schlechter Weg</td></tr>
<tr><td>+^{r}passuit nur Mz 1</td><td>eine große Menge</td><td>inup|passuit eine Menschenmenge</td></tr>
<tr><td>-^{r}suaq</b> <i>Mz</i> <b>-^{r}suit 3</td><td>groß, plump, eher negativ</td><td>ine|rsuaq großes Zimmer</td></tr>
<tr><td>-rujussuaq wie -suaq</td><td>riesengroß</td><td>qimme|rujussuaq riesengroßer Hund</td></tr>
<tr><td>-ssaq Mz -ssat 1</td><td>zukünftig</td><td>ini|ssaq zu beziehendes Zimmer</td></tr>
<tr><td>+taq Mz +tat 1</td><td>Teil bestehend aus</td><td>qisu|taq Holzteil an etwas</td></tr>
<tr><td>+taaq Mz +taat 1</td><td>neu</td><td>ukior|taaq Neujahr</td></tr>
<tr><td>-^{s}toqaq</b> <i>Mz</i> <b>-^{s}toqqat 2</td><td>alt</td><td>illu|toqaq altes Haus</td></tr>
<tr><td>-tsiaq Mz -tsiaat 2</td><td>mittelgroß</td><td>sermi|tsiaq mittelgroßer Gletscher</td></tr>
<tr><td>-usaq Mz -usat 1</td><td>etwas wie ein</td><td>inu|usaq Puppe {-asaq A!}</td></tr>
<tr><td>-ut Mz -utit 1</td><td>vorrätig, erworben</td><td>kaffi|ut vorrätiger Kaffee {-at A!}</td></tr>
<tr><td>-vik Mz -viit 1</td><td>echt, richtig</td><td>ati|vik der echte Name (kein Kosename)</td></tr>
</table>

Suffixe an Hauptwörtern, die Verben erzeugen		
-^{v}erniarpoq [^{v}erniaq]	verkauft	**puise|erniarpoq** verkauft Seehundfleisch {-ar A!}
-^{v}erpaa <^{v}ersivoq>	entfernte ... von ihm	**ipe|erpaa** entfernte Schmutz von ihm {-ar A!}
-gaa / -raa <ginippoq>	hat ... als sein	**pani|gaa** es ist seine Tochter {-gi}
-gippoq / -rippoq [gik / rik]	ist / hat ein gutes, positives	**sila|gippoq** ist schönes Wetter
-kippoq [ts]	hat (nur) wenig	**aki|kippoq** „hat wenig Preis" = ist billig {-kin}
-lerpaa <liivoq>	versah ihn mit	**kami|lerpaa** versah ihn mit Stiefeln {-le -li}
-liarpoq [liaq]	reist nach	**kangerlu|liarpoq** ist auf dem Weg zum Fjord
-liorpoq, -iorpoq [t]	stellte ... her	**illu|liorpoq** baute ein Haus
+^{r}luppoq [^{r}luttoq]	hat einen schlechten	**kamil|luppoq** hat schlechte Stiefel
+minngaanneerpoq [s]	ist aus	**Nuum|minngaanneerpoq** ist aus Nuuk
+miinngivippoq [ss]	ist nirgends dort	**sissa|miinngivippoq** ist nirgends am Strand
+mukarpoq [t]	bewegte sich in Richtung	**Nuum|mukarpoq** ging nach Nuuk
bei Hauptwort in Mz: **+nukarpoq:**		**qaqqa|nukarpoq** ging zu den Bergen
-nngorpoq [t]	ist ein ... geworden	**nakorsa|nngorpoq** ist Arzt geworden {-nngu}
-raarpoq [t]	hat ... Stück erhalten	**tallima|raarpoq** hat fünf Stück gefangen
-riarpoq [riaq]	hat etwas ...-mal getan	meist in der lu-Form: **marlo|riarluni tikippoq** ist zweimal hergekommen
+siorpoq [t]	sucht nach; feiert	**juulli|siorpoq** feiert Weihnachten {-siu -sio}
+sivoq [s]	bekommt, kauft; findet, trifft	**inus|sivoq** trifft Leute {-se}
+^{s}taarpoq [t]	hat neues ... bekommen	**panis|saarpoq** hat eine Tochter bekommen
+^{s}torpoq [t]	nimmt ... zu sich; gebraucht	**nakorsaati|torpoq** nimmt Medizin {-tu -su}

Suffixe an Verben, die Verben erzeugen		
+figaa <figinnippoq>	tat etwas an <u>ihm</u>	**oqar|figaa** sprach mit ihm {-ffigi -figa -figi}
-^{g,kk,r}**ajuppoq** [tt]	tut oft, gerne	**ani|gajuppoq** geht oft hinaus
-^{g,kk,r}**allarpoq** [t]	tat vorübergehend	**ani|gallarpoq** ist kurz hinausgegangen
-^{g,kk,r}**aluarpoq** [t]	tat zwar ..., aber ...	**tiki|kkaluarpoq** ist zwar gekommen, aber ...
-^{g,kk,r}**iartorpoq** [t]	geht, um zu	**uffa|riartorpoq** geht ein Bad nehmen
-^{g}**innarpoq** [t]	tat ausschließlich	**tuavi|innarpoq** beeilte sich nur {-annar A!} (g nach langem Vokal)
-ippoq [ts]	ist nicht ..., ist un-...	**kusana|appoq** *A!* ist unschön {-al A! + Angl.}
-i-, -si-, -innippoq	etwas, jemanden	

Zielende Verben haben meist zwei Stämme. Der auf -vaa / paa steht in den Listen und bezieht sich auf eine bestimmte Satzergänzung. Der zweite schiebt Suffixe ein (manchmal keines) und erhält <u>immer</u> eine nichtzielende Endung. Er taucht immer auf, wenn das Ziel nicht genannt oder unbestimmt ist (auf ±mik endet) = „etwas“ oder „jemanden“ im Deutschen:
tunivaa verkaufte es, **tuni\|sivoq** verkaufte etwas, **takuaa** sah ihn, **takuvoq** sah jemanden

-aarpoq [t]	tat früh	**maki|aarpoq** ist früh aufgestanden
-laarpoq [t]	ist / hat ein wenig	**angi|laarpoq** ist bisschen groß
-lluarpoq, *nach* r: **-luarpoq** [t]	tut gut, positiv	**sini|lluarpoq** schläft gut
+narpoq [t]	bewirkt, dass man ... ist / tut	**qasu|narpoq** ist ermüdend
+naveerpoq [t]	tut nie wieder	**ornin|naveerpaa** nähert sich ihm nie mehr
+neqarpoq [t]	wird ge-... *(Passiv)*	**taku|neqarpoq** wird gesehen
-nngisaannarpoq [t]	hat / ist niemals ...	**oqa|nngisaannarpoq** hat nie was gesagt
-nngitsoorpoq [t]	hat nicht ..., obwohl er sollte	**tiki|nngitsoorpoq** ist nicht wie vorgesehen gekommen
-pallaarpoq, *an V-Stämmen:* **+vallaar-** [t]	tut / ist viel zu	**qasu|vallaarpoq** ist zu müde
+pallappoq [tt]	beeilte sich zu ...	**ilikka|pallappoq** hat schnell gelernt

+^{r}paluppoq [tt]	sieht so aus, als ob	**ane|rpaluppoq** (*QR!*) sieht so aus, als ginge er
+^{r}piarpoq [t]	ist genau	**ataasinngor|piarpoq** ist genau ein Uhr
+^{r}pianngilaq	ist nicht besonders	**ajor|pianngilaq** ist nicht allzu schlecht
-qatigaa <qatiginnippoq>	hat mit ihm zusammen	**sule|qatigaa** hat mit ihm zusammengearbeitet
-qqippoq [tt]	hat / ist wieder	**ute|qqippoq** ist wieder zurück {-qqe -qqin -qqis}
-qquaa <qqusivoq>	will, dass er	**ane|qquaa** bittet ihn, hinauszugehen
-qqullugu	damit er	**sine|qqullugu** damit er schläft
-qqunagu	damit er nicht	**asero|qqunagu** damit er nicht kaputtgeht
-qqusaanngilaq [qqusaanngitsoq]	ist verboten	**ise|qqusaanngilaq** Eintritt verboten
+soraa <sorinnippoq>	glaubt, dass er	**paasi|soraa** glaubt, dass er verstanden hat
+^{s}taannarpoq [t]	tut gerne, oft	**angu|taannarpoq** fängt oft Seehunde
+tigi-	wie ...?, so ... wie	Immer mit qanoq „wie?“ und ima „so“.
Daran kommt -sumik für Umstandswörter bzw. -va für Fragen „wie ... ist?“:		
qanoq sivisu|tigisumik? wie lange?		**qanoq angi|tigiva** wie groß ist ...?
+^{s}tippaa <titsivoq>	veranlasst ihn zu	**ani|sippaa** wirft ihn hinaus
+^{s}tillugu	während	**neri|sillugu** während er aß
+^{s}tinnagu	bevor	**neri|sinnagu** bevor er aß
-^{j}uippoq [ts]	tut niemals ...	**neqitu|juippoq** isst niemals Fleisch
Suffixe an Verben, die Hauptwörter erzeugen		
+fik, -vik *Mz:* **+fiit, -viit** *1*	Ort / Zeit, wo etwas geschieht; Einrichtung zum ...	**tikif|fik** Ort / Zeitpunkt der Ankunft {-fe QR! -fi -ffi -fim}
Vor -vik wird einfacher Mitlaut verdoppelt: **nerri|vik** „Ess-Ort“ = Esstisch		
-qanngitsoq *Mz* **-qanngitsut** *1*	ohne	**sule|qanngitsoq** (*QR!*) Arbeitsloser
-qat *Mz* **-qatit** *1*	mit dem zusammen man ... tut	**sule|qat** (*QR!*) Arbeitskollege
+saat *Mz* **+saatit** *1*	Mittel, um zu	**matuer|saat** „Türentfern-Mittel“ = Schlüssel

Klasse 1						
Einzahl						
illu	ini	panik	inuk	arnaq	angut	**Grundform**
illup	inip	paniup	inuup	arnap	angutip	***ABH*-Fall**
illumi	inimi	panimmi	inummi	arnami	angummi	**Lokativ**
illukkut	inikkut	panikkut	inukkut	arnakkut	angutikkut	**Vialis**
illutut	initut	panissut	inuttut	arnatut	angutitut	**Äqualis**
Mehrzahl						
illut	init	paniit	inuit	arnat	angutit	**Grundf. / *ABH***
illuni	inini	paninni	inunni	arnani	angutini	**Lokativ**
illutigut	initigut	panissigut	inutsigut	arnatigut	angutitigut	**Vialis**
illutut	initut	panissut	inuttut	arnatut	angutitut	**Äqualis**
Grundform Einzahl mit Besitzanzeigern						
illuga	iniga	paniga	inuga	arnara	angutiga	**1. P. *Ez*** mein
illut	init	paniit	inuit	arnat	angutit	**2. P. *Ez*** dein
illua	inaa	pania	inua	arnaa	angutaa	**3. P. *Ez*** dessen
illuni	inini	panini	inuni	arnani	angutini	**4. P. *Ez*** sein
illorput	inerput	panipput	inupput	arnarput	anguterput	**1. P. *Mz*** unser
illorsi	inersi	panissi	inussi	arnarsi	angutersi	**2. P. *Mz*** euer
illuat	inaat	paniat	inuat	arnaat	angutaat	**3. P. *Mz*** deren
illortik	inertik	panitsik	inutsik	arnartik	angutertik	**4. P. *Mz*** ihr
Grundform Mehrzahl mit Besitzanzeigern						
illukka	inikka	panikka	inukka	arnakka	angutikka	**1. P. *Ez*** meine
illutit	initit	panitit	inutit	arnatit	angutitit	**2. P. *Ez*** deine
illui	inai	panii	inui	arnai	angutai	**3. P. *Ez*** dessen
illuni	inini	panini	inuni	arnani	angutini	**4. P. *Ez*** seine
illuvut	inivut	panivut	inuvut	arnavut	angutivut	**1. P. *Mz*** unsere
illusi	inisi	panisi	inusi	arnasi	angutisi	**2. P. *Mz*** eure
illui	inaat	panii	inui	arnaat	angutaat	**3. P. *Mz*** deren
illutik	initik	panitik	inutik	arnatik	angutitik	**4. P. *Mz*** ihre

Klasse 2	2	3	3	3	
Einzahl					
atuagaq	nanoq	kamik	ateq	erneq	**Grundform**
atuakkap	nannup	kammip	aqqup	ernerup	***ABH*-Fall**
atuakkami	nannumi	kamimmi	atermi	ernermi	**Lokativ**
atuakkakkut	nannukkut	kamikkut	atikkut	ernikkut	**Vialis**
atuakkatut	nannutut	kamittut	atertut	ernertut	**Äqualis**
Mehrzahl					
atuakkat	nannut	kammit	aqqit	ernerit	**Grundf. / ABH**
atuakkani	nannuni	kaminni	aterni	ernerni	**Lokativ**
atuakkatigut	nannutigut	kamitsigut	atertigut	ernertigut	**Vialis**
atuakkatut	nannutut	kamittut	atertut	ernertut	**Äqualis**
Grundform Einzahl mit Besitzanzeigern					
atuagara	nanora	kamiga	atera	ernera	**1. P. *Ez*** mein
atuakkat	nannut	kammit	aqqit	ernerit	**2. P. *Ez*** dein
atuagaa	nanua	kamia	aqqa	ernera	**3. P. *Ez*** dessen
atuakkani	nannuni	kamini	atini	ernini	**4. P. *Ez*** sein
atuagarput	nanorput	kamipput	aterput	ernerput	**1. P. *Mz*** unser
atuagarsi	nanorsi	kamissi	atersi	ernersi	**2. P. *Mz*** euer
atuagaat	nanuat	kamiat	aqqat	ernerat	**3. P. *Mz*** deren
atuagartik	nanortik	kamitsik	atertik	ernertik	**4. P. *Mz*** ihr
Grundform Mehrzahl mit Besitzanzeigern					
atuakkakka	nannukka	kamikka	atikka	ernikka	**1. P. *Ez*** meine
atuakkatit	nannutit	kamitit	atitit	ernitit	**2. P. *Ez*** deine
atuagai	nanui	kamii	aqqi	erneri	**3. P. *Ez*** dessen
atuakkani	nannuni	kamini	atini	ernini	**4. P. *Ez*** seine
atuakkavut	nannuvut	kamivut	ativut	ernivut	**1. P. *Mz*** unsere
atuakkasi	nannusi	kamisi	atisi	ernisi	**2. P. *Mz*** eure
atuagaat	nanui	kamii	aqqi	erneri	**3. P. *Mz*** deren
atuakkatik	nannutik	kamitik	atitik	ernitik	**4. P. *Mz*** ihre

Beugung der Hauptwörter

Beugung der Hauptwörter mit Besitzanzeiger u. kombiniert m. Lokativendung *+ni*

Klasse 1					
Grundform Einzahl mit Besitzanzeigern					
illunni	ininni	inunni	arnanni	angutinni	**1. P. *Ez*** in meinem
illunni	ininni	inunni	arnanni	angutinni	**2. P. *Ez*** in deinem
illuani	inaani	inuani	arnaani	angutaani	**3. P. *Ez*** in dessen
illumini	inimini	inummini	arnamini	angummini	**4. P. *Ez*** in seinem
illutsinni	initsinni	inutsinni	arnatsinni	angutitsinni	**1. P. *Mz*** in unserem
illussinni	inissinni	inussinni	arnassinni	angutissinni	**2. P. *Mz*** in eurem
illuanni	inaanni	inuanni	arnaanni	angutaanni	**3. P. *Mz*** in deren
illuminni	iniminni	inumminni	arnaminni	angumminni	**4. P. *Mz*** in ihrem
Grundform Mehrzahl mit Besitzanzeigern					
illunni	ininni	inunni	arnanni	angutinni	**1. P. *Ez*** in meinen
illunni	ininni	inunni	arnanni	angutinni	**2. P. *Ez*** in deinen
illuini	inaani	inuini	arnaani	angutaani	**3. P. *Ez*** in dessen
illumini	inimini	inumini	arnamini	angutimini	**4. P. *Ez*** in seinen
illutsinni	initsinni	inutsinni	arnatsinni	angutsinni	**1. P. *Mz*** in unseren
illussinni	inissinni	inussinni	arnassinni	angussinni	**2. P. *Mz*** in euren
illuini	inaanni	inuini	arnaanni	angutaanni	**3. P. *Mz*** in deren
illuminni	iniminni	inuminni	arnaminni	angutiminni	**4. P. *Mz*** in ihren

Bucht Tasiusaq bei Qassiarsuk

Klasse 2	3	3	3	
Grundform Einzahl mit Besitzanzeigern				
atuakkanni	**kaminni**	**atinni**	**erninni**	**1. P. *Ez*** in meinem
atuakkanni	**kaminni**	**atinni**	**erninni**	**2. P. *Ez*** in deinem
atuagaani	**kamiani**	**aqqani**	**ernerani**	**3. P. *Ez*** in dessen
atuakkamini	**kamimmini**	**atermini**	**ernermini**	**4. P. *Ez*** in seinem
atuakkatsinni	**kamitsinni**	**atitsinni**	**ernitsinni**	**1. P. *Mz*** in unserem
atuakkassinni	**kamissinni**	**atissinni**	**ernissinni**	**2. P. *Mz*** in eurem
atuagaanni	**kamianni**	**aqqanni**	**erneranni**	**3. P. *Mz*** in deren
atuakkaminni	**kamimminni**	**aterminni**	**ernerminni**	**4. P. *Mz*** in ihrem
Grundform Mehrzahl mit Besitzanzeigern				
atuakkanni	**kaminni**	**atinni**	**erninni**	**1. P. *Ez*** in meinen
atuakkanni	**kaminni**	**atinni**	**erninni**	**2. P. *Ez*** in deinen
atuagaani	**kamiini**	**aqqini**	**ernerini**	**3. P. *Ez*** in dessen
atuakkamini	**kamimmini**	**atermini**	**ernermini**	**4. P. *Ez*** in seinen
atuakkatsinni	**kamitsinni**	**atitsinni**	**ernitsinni**	**1. P. *Mz*** in unseren
atuakkassinni	**kamissinni**	**atissinni**	**ernissinni**	**2. P. *Mz*** in euren
atuagaanni	**kamiini**	**aqqini**	**ernerini**	**3. P. *Mz*** in deren
atuakkaminni	**kamimminni**	**aterminni**	**ernerminni**	**4. P. *Mz*** in ihren

Anmerkung: Ich gebe für die Ortsfälle und den Instrumental stellvertretend nur die Endung des Lokativs ±mi / ni an. Zu allen diesen Formen können Sie auch die nicht angegebenen Fälle bilden, indem sie (m)mi (= Lokativ) durch (m)mit (= Ablativ), (m)mut (= Allativ) und (m)mik (= Instrumental) ersetzen; entsprechend statt (n)ni dann (n)nit, (n)nut und (n)nik. Aus dem Lokativ *Ez* ininni wird dadurch z. B. ininnit *(ABL Ez)*, ininnut *(ALL Ez)* und ininnik *(INSTR Ez)*.

Literaturhinweise

Es gibt viel Literatur über die grönländische Sprache, allerdings kaum ein zum Selbstlernen geeignetes Lehrbuch. Das meiste – inklusive der Wörterbücher – ist auf Dänisch.

Berthelsen, Chr. & al.: Oqaatsit. Kalaallisuumiit Qallunaatuumut. Grønlandsk-Dansk Ordbog. – Ilinniusiorfik Undervisningsmiddelforlag, Nuuk 2004.
Gutes grönländisch-dänisches Wörterbuch.

Bjørnum, St.: Grønlandsk Grammatik. – Forlaget Atuagkat. ISBN 87-90133-14-5.
Das beste Werk über die Grammatik derzeit, in dänisch, aber kein Lehrbuch.

Fortescue, M.: West Greenlandic. Croom Helm Descriptive Grammars, London 1984.
Rein wissenschaftliches Nachschlagewerk, nur für Sprachkenner.

Hertling, B., Heilmann, P. R.:
Qaagit. – Pilersuiffik 1986.
Lehrbuch mit neuer Orthographie. Zwar gut, aber ohne grammatische Erläuterungen.

Janussen, E.: Håndbog i grønlandsk grammatik. – Ilinniusiorfik, Nuuk 2001.
Gute erste Übersicht über die Grammatik, kein Lehrbuch.

Jones, K. G., Petersen, R.: Ordbogen. Dansk-Grønlandsk – Ilinniusiorfik Undervisningsmiddelforlag, Nuuk 2003.
Sehr gutes dänisch-grönländisches Wörterbuch.

Kleinschmidt, S: Grammatik der grönländischen Sprache. – Berlin 1851.
Einziges mir bekanntes Werk in Deutsch, sehr ausführlich, aber etwas altertümlich (19. Jh.!).

Olsen, L. L., Hertling, B.: Grønlandsk tilhængsliste. – Pilersuiffik 1988.
Ausführliche Darstellung der Suffixe, in dänisch.

Pedersen, K. Th.: Grønlandsk for begyndere I, II. – Nyt Nordisk Forlag, Arnold Busch, Kopenhagen 1977.
Gutes Lehrbuch mit Übungen, aber in alter Orthographie und in dänisch.

Es gibt noch einige weitere Titel nur mehr antiquarisch, z. B. die Grammatik und das Wörterbuch von **Schultz-Lorentzen** (beide in englisch) oder das kurze Lehrbuch „Kalâtdlisut ilíniutit“ in alter Orthographie von **F. Nielsen.**

Ich bin außerdem gerne bereit, Interessierten weiterzuhelfen. Sie können über den Verlag Kontakt mit mir aufnehmen.

Wörterliste Deutsch – Grönländisch

Statuette an Berufsfachschule in Qaqortoq (wohl einen Tupilak darstellend)

Wörter aus den Wörterlisten des Haupt- und Grammatikteils sind hier nicht mehr aufgenommen. Bitte im Zweifelsfall dort nachsehen.
Die Anwendungsbereiche deutscher und grönländischer Wörter decken sich oft nur wenig, daher die Erläuterungen in Klammern. Gibt es nur eine grönlandisierte dänische Entsprechung, ist sie mit „dän." markiert. Bei modernen Dingen (z. B. Radio) sind auch dänische Wörter akzeptabel, ich habe aber auch tatsächlich angewandte grönländische Wörter angegeben.

In der deutsch-grönländischen Liste gebe ich zu jedem Hauptwort die Mz-Endung und die Klasse an. Gibt es keine Mz, gebe ich den ABH Ez auf -p *an.*
Ist als Mz-Endung -i *angegeben, steht in der Ez* -a. *Dieses* -a / -i *sind die besitzanzeigenden Endungen, da einige Ausdrücke nach dem Muster „dem X sein Y" gebildet sind. Bei einigen mehrteiligen Ausdrücken werden beide Teile in die Mz gesetzt, bei anderen nur einer davon, je nachdem, für welche die Mz-Endung mit angegeben ist. Die deutschen Verben stehen hier in der Form der 3. Pers. Ez Gegenwart, da es keine unserer Grundform entsprechende grönländische Form gibt. Sie sind jedoch so angeordnet, wie man sie in einem Wörterbuch suchen würde, also „isst" nicht unter „i", sondern unter „e" wie „essen".*
Den nichtzielenden Verben folgen die Kennbuchstaben der -toq*-Form, z. B.* anivoq [s]*: Die* -toq*-Form lautet* anisoq*; gelegentlich die gelängte* -toq*-Form, z. B.* angisooq.

Bei den verkürzten Verben auf -gaa / raa *ist die ausgelassene Silbe* iv *farblich abgetönt eingefügt. Sie können sie immer mitverwenden, wenn dies auch in der Umgangssprache selten getan wird. Sie hilft Ihnen aber, alle Formen richtig zu bilden. Im Übrigen verweise ich auf die Grammatik, in der alle hierfür notwendigen Erläuterungen stehen.*
„ABH +" bedeutet, dass das zugehörige Hauptwort im Abhängigkeitsfall steht. „Mz" bedeutet, dass es das Wort nur in der Mehrzahlform gibt. „Umst." sind Umstandswörter (Adverbien).
Manche Ausdrücke sind lu*-Formen auf* -gu / git. *Beachten Sie: die Form auf* -gu *bezieht sich auf eine Ez, die auf* -git *auf eine Mz; z. B.* ataaseq qaangerlugu *„an eins vorbei", aber* marluk qaangerlugit *„an zwei vorbei".*
Gelegentlich steht nach einem Doppelpunkt ein Beispiel für den Gebrauch eines Suffixes, siehe auch die Suffixliste (ab Seite 157).

A

Abend unnu•k -it *1*
Abendessen unnukkorsiutit *Mz 1*
aber kisianni; +li
abreist aallarpoq [t]
Adresse naju•gaq -kkat *2*
Alkohol imigassa•q -t *1*
allein (isoliert), ist kisimiippoq [tt]
alles (er ganz / ihn ganz) tamarmi; *ABH* + tamaat
als (zeitl.) -ru/-pa-*Form;* **(Vergl.)** ±mit/nit *ABL*
alt (nicht jung), Alte/r utoqqa•q -at *3* **(nicht neu)** piso•qaq -qqat *2*
Alter (Lebens-) ukioqarne•q -rit *3*
Andenken tammajuits•oq -ut *1*
anfängt pilerpoq; -lerpoq [s]
Angestellte/r atorfili•k -it *1*
Angst ersine•q -rit *3*
anhält ihn unitsippaa
ankommt tikippoq [tt]
Ankunft tikinne•q -rit *3*
Anorak annora•aq -ssat *2*
Antwort aki• -t *1*
antwortet akivoq [s]
Apotheke nakorsaataarniarfi•k -it *1*
arbeitet sulivoq [s]
Arbeiter/in sulis•oq -ut *1*
arm piits•oq -ut *1*
Arm ta•leq -llit *3*
Arzt nakorsa•q -t **1**
auch aamma; +lu
auf *ABH* + qaani
aufbewahrt es toqqorpaa
Aufenthalt unikkallarne•q -rit *3*
aufhört soraarpoq [t]
aufsteht makippoq [tt]
aufwacht iterpoq [t]
aus ±mit *ABL*
Ausfuhr avammut tunisine•q -rit *3*
Ausgang anisarfi•k -it *1*
ausgezeichnet pitsa•k -at *1*
Ausland nunat allat *Mz 1*
Ausländer nunami allamiu• -t *1*
ausländisch nunanit allanit *unv.*
Ausreise aallarne•q -rit *3*
Aussprache taaguine•q -rit *3*
aussteigt niuvoq [s]; ikaarpoq [t]
Ausstellung saqqummersitsine•q -rit *3*
Ausweis uppernarsaat• -it *1*
auszieht (Kleidung) atisaajarpoq [t]
Auto biili• -t *1*

B

badet uffarpoq [t]
Badezimmer uffarfi•k -it *1*
bald erniinnaq
Bank (Geld) aningaaserivi•k -it *1*
Bargeld aningaasat *Mz 1*
Batterie batterii• -t *1*
baut -liorpoq [t]
Bauer naasorissaas•oq -ut *1*
Baum orpi•k -it *1*
bedauert ajuusaarpoq [t]
beeilt sich tuaviorpoq [t]
beendet es inaarpaa
begleitet ihn ein Stück qanivaa
begrüßt ihn ilassivaa
behandelt ihn (Krankh.) nakorsarpaa
Behörde pisortat *Mz 1*
bei (z. B. Jens) ±mi; -kkunni: Jensikkunni
Beispiel takussutissa•q -t *1;* **zum B.** soorlu
beißt ihn kiivaa
beleidigt ihn ajuallatsippaa
benachrichtigt ihn tusarlerpaa
benötigt es atorfissaqartippaa
Benzin benziina• -p *1*
bereits taavaana
Berg qaqqa•q -t *1*
Beruf sulia•q -t *1*
berühmt tusaamasa•q -t *1*
beschwert sich maalaarpoq [t]
besichtigt es qimerloorpaa
Besitzer piginnittoq [t]
besser, ist ajunnginneruvoq [s]
bestellt es inniminnerpaa
Bestellung inniminniine•q -rit *3*
bestraft ihn pillarpaa
Besuch (i. d. Nähe) pulaarne•q -rit *3;* **(von weiter her)** tikeraarne•q -rit *3*
besucht ihn (i. d. Nähe) pulaarpaa; **(weiter weg)** tikeraarpaa
betrügt ihn peqquserluttuliorfigivaa
betrunken, ist aalakoorpoq [t]
Bett siniffi•k -it *1*
Bettzeug oqorutit *Mz 1*

bevor: z. B. er geht +ˢtinnagu: anisinnagu
Beweis uppernarsaat• -it *1*
bezahlt es akilerpaa
Bier immia•q -t *1*
Bild assi• -t;
sein B. assinga
billig, ist akikippoq [ts]
Binde (Damen-) nalequ•taq -ttat *2*
bis (örtl.) *ABH* + tungaani;
(zeitl.) tikillugu
bisschen immannguaq
Bitte qinnut• -it *1*
bittet ihn qinnuigivaa
Blatt (Papier) pappiaram•ineq -ernit *3*
blaue Farbe, hat tungujorpoq [t]
bleibt uninngavoq [s]
Bleistift aqerluusa•q -t *1*
Blume naas•oq -ut *1*
Botschaft (dipl.) ambassade *(dän.)*
Brand ikuallanne•q -rit *3*
Brauch ileqq•oq -ut *1*
braucht (Bedarf) amigaatigivaa
braun, ist kajorpoq [t]
breit, ist silippoq [tt]
brennt (Haus) ikuallappoq [tt]
Brief allakkat *Mz 1*
Briefmarke frimærki• -t *1* *(dän.)*
Briefumschlag allakkat-puuat *Ez = Mz 1*
Brille isarussat *Mz 1*
bringt es aappaa
Brot iffia•q -t 1
Brücke ikaartarfi•k -it *1*
Brust (weibl.) iviang•eq -it *1*;
(-korb) sakissat *Mz 2*
Buch atua•gaq -kkat *2*
bucht es inniminnerpaa
Buchstabe naqinne•q -rit *3*
bunt (vielfarbig) tamalaanik qalipaati•lik -llit *3*
Bürger (Staats-) ±mi *LOK* innuttaas•oq -ut *1*
Büro allaffi•k -it *1*
Bus bussi• -t *1*

C / D

Chauffeur chaufføri• -t *1 (dän.)*
Chef pisorta•q -t *1*
Dach qalia•q -t *1*
damit (mit Hilfe) uuminnga;
z. B. d. er kommt -qqullugu: tikeqqullugu;
z. B. d. er nicht kommt -qqunagu: tikeqqunagu
Dänemark Danmarki• -p *1*
dänisch qallunaat•ooq -uut *1*
Dänisch (Sprache) qallunaatut *ÄQU*
danach taava
danke qujanaq
dankt dafür qutsavigivaa
darum taamaattumik
dass -toq-*Form s. Gramm.*
Datum ull•oq -ut *1*
dauert: d. lange sivi•suvoq [sooq];
d. nicht lange sivikippoq [ts]
Decke (Bett) qipi•k -it *1*
denkt isumaqarpoq [t]
Denkmal von ±mut *ALL* eqqaassutissa•q -t
deutsch tyskis•ooq -uut *1*
Deutsch (Sprache) tyskisut *ÄQU*
Deutsche/r tysk•eq -it *1*
Deutschland Tysklandi
Dialekt: spricht D. von +miorpaluppoq [tt]
dick, ist (nicht Bauch) issu•voq [sooq]
Diebstahl tillinne•q -rit *3*
Ding: meine Dinge pi- *immer mit Besitzsuffix:* pikka
Diskothek diskoteki• -t *1*
Dokument allagarta•q -t *1* uppernarsaat
Dolmetscher oqalutsi• -t *1*
Dorf illoqarfi•k -it *1*
dort ikani
dorthin ikuuna
dringend, ist ilungersorpoq -t
dumm, ist sianiippoq [ts]
dunkel, ist taarpoq [t]
dünn, ist saappoq [tt]
durch (hindurch) -kkut *VIA*
Durchfall, hat timmippoq [tt]
darf +sinnaavoq [s]
Durst, hat imerusuppoq [tt]

E

echt, ist piviuvoq [s]; -vik
Ehefrau nulia•q -t *1*;
seine E. nulia
Ehemann ui• -t *1*;
dein E. uiit
Ehepaar aappariit *Mz 1*
eigen nammine•q -rit *3*
Eigentum pigisa•q -t *1*
einander (tun) imminut; -qatigiipput *Mz*
Einbruch tillinniarne•q -rit *3*
einfach (leicht), ist ajornanngi•laq [tsoq]
Einfuhr eqqussinne•q -rit *3*
Eingang isertarfi•k -it *1*
einige von *ABH Mz* + ilaat *Mz*

einlädt ihn qaaqquaa
Einladung (eigene) qaaqqusine•q -rit *3;* **(eingeladen werden)** qaaqquneqarne•q -rit *3*
einmal, tut etw. nur ataaseriarpoq [t]
einsteigt ikivoq [s]; ikaarpoq [t]
eintritt iserpoq [t]
Eintrittskarte bilitsi• -t *1*
einverstanden, ist damit akuerivaa
Einwohner najuga•lik -liit *3;* -miu• -t *1*
Eis siku• -t *1;* **(Speise-)** sikuli•aq -ssat *2*
Eisbär na•noq -nnut 2
Eisberg (größerer) iluli•aq -ssat *2*
Eiter marne•q -rup *3*
Eltern angajoqqaat *Mz 3*
empfängt es pivaa
empfiehlt es ±mik *INSTR* kajumissaarpaa
Ende isu• -t *1*
eng, ist ussippoq [ss]
Englisch tuluttut *ÄQU*
entscheidet es aalajangerpaa
entschuldigt sich utoqqatserpoq
Erde nunarsu•aq -up *3*
Ereignis pis•oq -ut *1*
Erfolg iluatsitsilluarne•q -rit *3*
erholt sich qasuerserpoq [t]
erinnert sich an eqqaavaa
erkältet, ist nualluppoq [tt]
erklärt es nalunaarpaa [poq]
erlaubt es akuerivaa
Erlaubnis akuersissut• -it *1*
Ermäßigung akikilliliine•q -rit *3*
erreicht (Ort) ±mut *ALL* pivoq [s]
Ersatzteil kingoraartissa•q -t *1*
erster siull•eq -it *1*
erzählt es oqaluttuarivaa
essen: isst nerivoq [s]
Etage quleriit *Mz 1*

F

Fabrik suliffissu•aq -it *3*
Faden ujalussia•q -t *1*
Fähre ikaartaat• -it *1*
fährt (ist in Bewegung) ingerlavoq [s]
Fahrkarte bilitsi• -t *1;* billetsi• -t *1*
Fahrplan (Flugzeug) timmisartut angalanissaat *Mz;* **(Schiff)** ilaasortaatit ingerlaartarnissaat *Mz*
Fahrpreis ilaanermut akia -i *1*
Fahrrad sikkili• -t *1*
Fahrzeug (Land-) qamutit *Mz 1;* **(Wasser-)** angallat• -it *1*
Familie (meine) ilaqutakka *Mz;* **z. B. F. Jensen** -kkut: Jensenikkut **(Verwandtschaft)** ilaqutariit *Mz 1*
Farbe qalipaat• -it *1*
faul (träge), ist eqiattarpoq [t]; **(Fleisch)** mikiarpoq [t]; **(Obst)** ajortunngorsimavoq [s]
Fehler, macht kukkuvoq [s]
Feier nalliuttorsiorne•q -rit *3*
feiert es nalliussivaa
Feld (Acker) nunaat• -it *1*
Fenster igala•aq -ssat *2*
Fernsehgerät fjernsyni• -t *(dän.)*
fertig, ist inerpoq [t]; naammassivoq [s]
fest (unveränderlich), ist allanngoranngippoq [ts]; **(unbeweglich)** aalajaappoq [ts]
feucht, ist masappoq [tt]
Feuer inneq -rit *3*
Fieber, hat kissarneqarpoq [t]
Film filmi• -t *1 (dän.)*
findet es (Suche) nanivaa; **(zufällig)** nassaarivaa
Finger inu•ak -ssat *2*
Fjord kangerlu•k -it *1*
Flasche puiaasa•q -t *1*
Fleisch neqi• -t *1;* **sein F.** neqaa
fleißig suliumat•ooq -uut *1*
fliegt (Flugzeug) timmisartorpoq [t]; **(Vogel)** timmivoq [s]
flirten, sie unarujoorput *Mz*
Flughafen timmisartoqarfi•k -it *1*
Flugticket timmisartornermut billetsi• -t *1*
Flugzeug timmisart•oq -ut *1*
Fluss kuu•k -it *1* immersugassa•q t 1
Fotoapparat assiliissut• -it *1*
Fotografie assili•aq -ssat *2*
fotografiert ihn assilivaa
Frage apeqqut• -it *1*
fragen aperivoq [s]
Frau arna•q -t *1*
frei, lässt ihn iperagaatippaa

fremd alla• -t *1*
Fremder takornarta•q -t *1*
freut s. darüber nuannarivaa
Freund/in ikinngut• -it *1*
freundlich, ist kiinneraarpoq [t]
Freundschaft ikinngutigiinne•q -rit *3*
Frieden, hält / gibt eqqissivoq [s]
friert qiiavoq [s]
frisch (zubereitet) qalarlaa•q -t *1*
fröhlich, ist nuannaarpoq [t]
Frucht paarna•q -t *1*
früh, ist piaarpoq [t]; -aarpoq [t]
Frühling upernaa•q [t] *1*
Frühstück ullaakkorsiutit *Mz 1*
frühstückt ullaakkorsiorpoq [t]
fühlt es misigivaa
fühlt sich krank peqqiilliorpoq [t]
Führung takuniaasitsine•q -rit *3*
für ±mut *ALL*
fürchtet s. vor ihm ersigivaa
Fuß isi•gak -kkat *2;* **zu F.** pisulluni

G

Gabel ajassaatit *Mz 1*
ganz: g. ich, mich tamarma; **g. du, dich** tamarpit; **g. er/sie/es, ihn/sie/es** tamarmi; **der ganze** *ABH Ez* + tamaat
Garten naatsiivi•k -it *1*
Gas gassi• -t *1*
Gasse stræde *(dän.)*
Gast qaaqqusa•q -t *1*
gastfreundlich, ist inoorsaarpoq [t]
Gastgeber qaaqqusisut *Mz 1*
Gaststätte imeriartarfi•k -it *2*
Gebäck (süß) kaagili•aq -ssat *2*
Gebäude illu• -t *1*
geben: gibt ihm tunivaa
Gebirge qaqqat *Mz 1*
Gebühr akitsuut• -it *1*
Geburtstag inuui•k -it *1;* **hat** inuuissiorpoq [t]
gefährlich, ist navianarpoq [t]
gefällt: es g. ihm gut akaarivaa; **es g. ihm nicht** ajorivaa
Gefängnis parnaarussivi•k -it *1*
Gefäß qummuatta•q -t *1*
Gefühl (Eindruck) misigisa•q -t *1*
gegen (in Richtung) *ABH* + tungaanut
Gegend: in der G. maani eqqatsinni
gegenüber akiani
geht pisuppoq [tt]
gelb, ist sungaarpoq [t]
Geld aningaasa•q -t *1*
Gemüse naatita•q -t *1*
gemütlich, ist najoruminarpoq [t]
genau, ist eqqorluarpoq [t]
genug, ist naammappoq [tt]
Gepäck nassatat *Mz 1*
geradeaus narlusuumik
gerne: g.! qaami!; **tut g.** -ˢtaannarpoq [t]
Geschäft (Tätigkeit) suli•aq -ssat *2;* **(Laden)** pisiniarfi•k -it *1*
Geschenk tunissut• -it *1*
Geschichte (Historie) oqaluttuarisaane•q -rit *3;* **(Erzählung)** oqaluttuaq -t *1*
geschlossen, ist matuvoq [s]
Gesellschaft (Soziales) inuiaqatigiit *Mz 1*
Gesetz inatsi•t -sit *1*
gestern ippassaq
gesund, ist peqqippoq [ss]
Gesundheit peqqissuse•q -rup *3*
Getränk imigassa•q -t *1*
Gewicht oqimaassu•seq -tsit *2*
gewöhnt, ist daran sungiusimavaa
Gewürz krydderi *(dän.)*
Gift toqunart•oq -ut *1*
Glas (Brille) isarussat igalaartaat *Mz 1;* **(Trink-)** imertarfi•k -it *1;* **(Material)** igalaamine•q -rit *3*
glaubt isumaqarpoq [t]
Glück (Erfolg), hat iluanaarpoq [t]
glücklich, fühlt sich pilluarpoq [t]
Gold kuulti• -p *1*
Gott Guuti• -p *1*
Gramm grammi• -t *1*
Grammatik oqaasilerine•q -rit *3*
Gras i•vik -ffit *2*
gratis, ist akeqanngi•laq [tsoq]
gratuliert ihm pilluaqquaa
grau, ist qaserpoq [t]

Grenze killi•k -ngit *2*
Grippe, hat nualluppoq [tt]
groß, ist angi•voq [sooq]; -ʳsuaq
Grönland Kalaallit Nunaat
Grönländer/in kalaa•leq -llit *2*
Grönländisch kalaallisut *ÄQU*
Größe (Kleidung u.ä.) normu• -t *1*
Gruppe gruppi• -t *1*
grüßt kumoorpoq [t]; kutaarpoq [t]
gültig, ist atorpoq [t]
gut, ist ajunngi•laq [tsoq]

H

hat -qarpoq [t]
Hafen umiarsuarlivi•k -it *1*
halb, Hälfte affa•q -t *1*
hält es fest tigummivaa
Hand assa•k -at *1*
Handschuh aqqat• -it *1*
Haltestelle unittarfi•k -it *1*
hart, ist manngerpoq [t]
Haus illu• -t *1*
Hausfrau ningi•oq -ut *1*
hebt es kivippaa
heiß, ist uunarpoq [t]
heimkehrt angerlarpoq [t]
hilft ihm ikiorpaa
hell, ist qaamavoq [s]
Herbst ukia•q -t *1*
Herr (Anrede) herre *(dän.)*
herstellt -liorpoq [liaq]
herzlich, ist inussiarnerpoq [s]
heute ullumi
hier maani
Hilfe ikiuine•q -rit *3*
hinten: nach h. tunummut
hinter *ABH* + tunuani;
hoch, ist portu•voq [sooq]
Hochzeit, hält katippoq [tt]
hofft es neriugivaa
höflich, ist pissuserippoq [ss]
Holz, hölzern qisu•k -it *1*
hört es tusarpaa
Hose qarliit *Mz 1*
Hotel hotelli• -t *1*
Hund qimm•eq -it *1*
Hundeschlitten (mit Hunden) qimuss•eq -it *1*
hungrig, ist kaappoq [tt]
Hygiene eqqiluisaarne•q -rup *3*

I / J

ihr (euch) alle tamassi
immer, tut immer tamatigut, -tt,t,j,-uarpoq [t]
impft ihn kapivaa
in (örtl.) ±mi *LOK;*
(zeitl.) *ABH* + qaanngiuppata
Industrie industrii• t *1 (dän.)*
Information paasissutissa•q -t *1*
informiert sich über ±mik *INSTR* paasisinneqarpoq [t]
Insel qeqerta•q -t *1*
interessant, ist soqutiginarpoq [t]
interessiert sich (für) soqutigivaa
international nunat akornanni
ja aap, suu
Jahr ukio•q -ut *1*
jährlich ukiumoortumik *Umst.*
jeder *ABH Mz* + tamaasa;
jedes Mal tamatigorluinnaq
jemand (Subj.) -toq-*Form* + qarpoq
jene/r innga;
jene (Mz) ikku
jetzt massakkut
Journalist aviisiliort•oq -ut *1*
Jugendherberge akunnittarfi•k -it *1*
jung, ist inuusuppoq [tt]
Junge nukappia•raq -qqat *1*

K

Kai talittarfi•k -it *1*
kalt (Gegenstand) nillerpoq [t];
(Wetter) issippoq [tt]
kaputt, ist aserorpoq [t]
Kasse karsi• -t *1*
kauft es pisiarivaa; +sivoq
kennt es ilisimavaa
Kind mee•raq -qqat *2*
Kino, geht ins filmeriarpoq [t]
Kleidung atisat *Mz*
klein, ist mikivoq [s]; -nnguaq
klug, ist silatuvoq [s]
kocht igavoq [s]
Koffer kufferti• -t *1*
kommt tikippoq [tt]
kompliziert, ist piuminaappoq [ts]
Kondom kondomi• -t *1*
können: kann +sinnaavoq [s]
konserviert es asiunaveersarpaa
Konsulat konsuuleqarfi•k -it *1*
kontrolliert es nakkutigivaa

Wörterliste Deutsch – Grönländisch

Konzert tusarnaartitsine•q -rit *3*
Kopf nia•qoq -qqut *2*
kostet (Preis) akeqarpoq [t]; **(probiert)** usserpaa
kostenlos, ist akeqanngi•laq [tsoq]
krank, ist napparsimavoq [s]
Krankenhaus napparsimmavi•k -it *1*
Krankheit nappaat• -it *1*
kühl (Wetter), ist pueqqorpoq [t]
Kühlschrank nillataartitsivi•k -it *1*
Kunst eqqumiitsuliorne•q -rit *3*
Kunsthandwerk (Ware) eqqumiitsulia•q -t *1*
kurz, ist naappoq [ts]
küsst ihn kunippaa

L

lächelt qungujuppoq [tt]
lacht (darüber) illarpoq [t] (illaatigivaa)
Lage (geogr.) sumiissuse•q -rit *3*
Laken tung•eq -it *1*
Lampe qull•eq -iit *3*
Land nuna• -t *1*
Landkarte nunap assinga -i
Landschaft nunap isikkua -i
Landwirtschaft naasorissaane•q -rup *3*
lang, ist (Strecke, Zeit) taki•voq [sooq]
langsam, ist arriippoq [ts]
langweilig, ist naammaannarpoq [t]
läuft (Mensch) arpappoq [tt]
laut, ist nipi•tuvoq [tooq]
lebt (beseelt) inuuvoq [s]
lebendig, ist uumavoq [s]
Lebensmittel inuussutissat *Mz 1*
ledig, ist (Frau) ueqanngi•laq [tsoq]; **(Mann)** nuliaqanngi•laq [tsoq]
leer, ist imaqanngi•laq [tsoq]
legt es ilivaa
Lehrer/in ilinniartitsis•oq -ut *1*
leicht, ist (Gewicht) oqippoq [ts]
leider ajoraluartumik
leiht es sich atorpaa
lernt (es) ilinniarpoq [t], (ilikkarpaa)
liest atuarpoq [t]
Lederstickerei avittat *Mz 1*
Leute inuit *Mz 1*
letzter kingull•eq -iit *3;* **letztes Jahr** siorna
Licht qaamane•q -rit *3;* **(Lichtquelle)** qaammaqqut• -it *1*
liebt ihn asavaa
Lied erinarsuut• -it *1*
liegt (Mensch) nalavoq [s]; **(Tier)** aqupivoq [s]
links: nach l. saamimmut
Loch putu• -t *1*
Löffel alussaat• -it *1*
Lohn (Gehalt) akissarsia•q -t *1*
los, ist (z. B. Hund) peerpoq [s]
lügt salluvoq [s]
lustig, ist piikulavoq [s]

M

macht iliorpoq [t]
Mädchen niviarsia•raq -qqat *1*
Magen naat *Mz 1;* **mein M.** naakka
malt es qalipappaa
manchmal ilaannikkut
Mann angut• -it *1*
Medikament nakorsaat• -it *1*
Meer i•ma -mmat *2*
mehr aamma
Menge (Quantität) amerlassuse•q -rit *3*
Mensch inu•k -it *1*
merkt es sich eqqaamavaa
Messer savi•k -it *1*
mietet ein ... ±mik akilerlugu attartorpoq [t]
Minute minutsi• -t *1*
mit ±mik *INSTR*
Mittag, isst zu ulloqeqqarsiorpoq [t]
Mittag ulloqeqqa *ABH:* ulloqeqqata
Mode mut•eq -it *1*
möglich, ist ajornanngi•laq [tsoq]
Monat qaammat• -it *1*
morgen aqagu
Morgen ullaa•q -t *1*
Moschusochse umimma•k -at *1*
Motor motoori• -t *1*
Motorboot pujortulee•raq -qqat *2*
Motorrad motorcykeli• -t *1*
müde, ist qasuvoq [s]
Müll igitat *Mz 1*
Mütze na•saq -tsat *2*

Musik nipilersorne•q -rit *3*
muss -^{s}tariaqarpoq [t]
Mutter anaana• -t *1*

N

nach (Richtung) *ABH* + tungaani; **(zeitl.)** *ABH* + kingornagut
Nachmittag ual•eq -it *1*
Nachricht tusagassia•q -t *1*
nächster qaninneq; tull•eq -iit *3;* **nächstes Jahr** aappaagu; **nächstes Mal** tullianik
Nacht unnua•q -t *1*
nackt, ist (z. B. Boden) naasoqanngi•laq [tsoq]; **(Körper)** tamaqanngi•laq [tsoq]
Nadel meqqut• -it *1*
nah an ihm, ist qanippaa
Name a•teq -qqit *3;* **(Nach-)** kinguliaqut• -it *1;* **(Vor-)** siuliaqut• -it *1*
nass, ist masappoq [tt]
Nationalität inuiaassuse•q -rit *3*
Nationaltracht (grönl.) kalaallisuut *Mz 1*
Natur pinngortita•q -p *1*
natürlich, ist pissusissamisoorpoq [t]
neben *ABH* + saniani
nehmen: nimmt es tiguaa
nein naamik
neu, ist nutaa•q [t] *1;* -^{s}taaq
neugierig, ist apeqqarippoq [ss]
nicht -nngila-
nichts *meist* -qanngilaq *„hat kein"*
niedrig pukkippoq [ts]
niemals -nngisaannarpoq, -juippoq
niemand (Subj.) toq-*Form* + -qanngilaq
nirgendwo, ist ±miinngivippoq [ss]
noch suli; **n. einmal** suli ataasiarluni
Norden avanna•q -p *1*
normal pisarnermisut *Umst.*
notwendig, ist pisariaqarpoq [t]
Nummer normoru• -t *1*
nur -innaq, -^{g}innarpoq; **n. ich / mich** kisima; **nur du / dich** kisivit; **nur wir / uns** kisitta

O

oben: da o. pikani; tappikani; paffa; **o. auf** *ABH* + qaani **(über)** *ABH* + qulaani
Obst paarna•q -t *1*
oder imalluunnit; -luunnit
öffnet es ammarpaa
oft akulikitsumik; -^{g,kk,r}ajuppoq
ohne, ist -qanngi•laq [tsoq]
Öl uulia• -t *1*
Organ timip atortua -i
organisiert es aaqqissuuppaa
Ort sumiiffi•k -it *1*
Osten kangi• -p *1*
Österreich Austria• -p *1*
Österreicher/in Austriamiu• -t *1*

P

paar, ein *ABH Mz* + ilaat
Paar (Ehe-) aappariit *Mz 1;* **(Dinge)** illugiit *Mz 1*
Paket poortu•gaq -kkat *1*
Panne mit, hat ±mik ajutoorpoq [t]
Papier pappiara• -t *1* (pappiala)
parkt es inissippaa
Pass passi• -t *1*
passt (Kleidung) naammaappoq [tt]
Patient napparsimasoq -ut
Pause, macht unikaallaappoq [tt]
Perlenstickerei (trad.) sapangaaqqiat *Mz 2*
Person inu•k -it *1*
Pflanze naas•oq -ut *1*
Pflaster (Heft-) (mattutissiaq) nipittart•oq -ut *1*
Plan pilersaarut• -it *1*
Platz inissa•q -t *1*
Plauderei oqaloqatigeerujoorne•q -rit *3*
plötzlich tassanngaannaq
Politik politikki• -t *1*
Polizei politiit *Mz* **1**
Postamt allakkerivi•k -it *1*
Postkarte postkorti• -t *1*
Preis aki• -t *1*
privat privati• -t *1*
Problem ajornartorsiut• -it *1*
Programm programmi• -t *1*
pünktlich, ist piffissamik eqqorluaavoq [s]

Q / R

Qualität pitsaassuse•q -rit *3*
Radiogerät tusartaat• -it 1; radio• -t *1*
Rat siunnersuut• -it *1*
raucht pujortarpoq [t]
Raum ini• -t *1*
rechnen: berechnet es naatsorsorpaa
Rechnung regningi• -t *1* *(dän.)*
Recht eqqort•oq -up *1*
rechts: nach r. talerpimmut
redet oqaluppoq [tt]
Regenschirm sialussiut siaartart•oq -ut *1*
registriert ihn (schriftl.) nalunaarsorpai *Mz*
reich, ist pi•suujuvoq [sooq]
reif, ist (nur Obst) inerippoq [tt]
Reise (Rund-) angalane•q -rit *3*
Reisebüro angallatsitsivi•k -it *1*
reist (nur Rundreise) angalavoq [t]
repariert es iluarsaappaa
reserviert es inniminnerpaa
Restaurant neriniartarfi•k -it *1*
Rettungsboot / -floß annanniut• -it *1*
Rettungswagen annaanneqarnermut biili• -t *1*
richtig, ist eqqorpoq [t]; iluarpoq [t]
Richtung sammivi•k -it *1*
roh, ist ooqanngi•laq [tsoq]
rot, ist aappaluppoq [tt]
Rückfahrt uterne•q -rit *3*
Rucksack nammatta•gaq -kkat *2*
rückständig, ist qanganisarpaluppoq [tt]
ruft suaarpoq [t]

S

Sache pigisaq *(prakt. immer mit Besitzsuffix:)*
meine S. pigisara
sagt oqarpoq [t]
Salbe tarnut• -it *1*
Salz taratsut *Mz 2*
sammelt sie katersorpai *Mz*
Sand sioqqat *Mz 2*
satt, ist qaar•silavoq [sillartoq]
Satz (Sprache) oqaaseqatigiit *Mz 1*
sauber, ist ipiippoq [ts]; **macht es s.** ipiiarpaa
sauer, ist seernarpoq [t]
Schaden, kommt zu ajoquserpoq [t]
scharf, ist (Messer) ipippoq [tt]
Scheck checki• -t *1 (dän.)*
Schere qiuutit *Mz 1*
schickt es nassiuppaa
schießt seqqorpoq [t]
Schiff umiarsu•aq -it *3*
schläft sinippoq [tt]
Schlafsack siniffik-•pooq -puggut *1*
Schlafzimmer sinittarfi•k -it *1*
schlägt ihn unatarpaa
schlecht, ist ajorpoq [t]
Schlüssel matuersaat• -it *1*
schmackhaft, ist mamarpoq [t]
Schmerz anniaat• -it *1*
schmerzt annernarpoq [t]
Schmuck pinnersaat• -it *1*
schmutzig, ist iper•tuvoq [tooq]
Schnaps silaqanngits•oq -ut *1*
schnell, bewegt sich (Ding) sukka•voq [sooq]; **(Lebewesen)** oqila•voq [sooq]
schön, ist kusanarpoq [t]
schreibt allappoq [tt]
Schuh skuu• -t *1 (dän.)*
schuldig, ist pisuuvoq [s]
Schule atuarfi•k -it *1*
Schüler/in atuart•oq -ut *1*
schwanger, ist naartuvoq [s]
schwarz, ist qernerpoq [t]
Schweiz Schweizi• -p *1*
Schweizer/in Schweizimiu• -t *1*
schwer, ist (Gewicht) oqimaappoq [ts]
schwierig, ist artornarpoq [t]
schwimmt (Ding) puttavoq [s]
schwitzt kiaguppoq [tt]
See ta•seq -tsit *2*
sieht es takuaa
Sehenswürdigkeit takusassaqqiss•oq -ut *1*
sehr assut; -qaaq
Seife qaqorsaat• -it *1*
Seil tingerlaat• -it *1*
sein: ist -uvoq [s]
seit *ABH* + kingornagut
Seite (Richtung) sane•raq -qqat *2*
Sekunde sekunti• -t *2*

selbst nammineq
selbständig, tut etwas nammineerpoq [t]
selten, ist qaqutigoorpoq [t]
setzt sich ingippoq [tt]
sicher, ist (gewiss) qularnaappoq [ts]; **(ungefährlich)** navianartoqanngi•laq [tsoq]
Silber sølvi• -p *1 (dän.)*
singt erinarsorpoq [t]
sitzt issiavoq [s]
so ima; **ist s.** imaappoq [tt] **s. ... wie** taama ... -tigisumik
sofort massakkorluinnaq
solche/r/s taamaattoq
soll -ssaaq
Sommer aasa•q -t *1*
sparen sipaarpoq [t]
spät kingusippoq [ss]
später kingorna
spazieren, geht pisuloorpoq [t]
Speise nerisassat *Mz 1*
Speisekarte nerisassat allattorsimaffiat
spielt pinnguarpoq [t]
Spielzeug pinngu•aq -it *3*
Sport timersorne•q -rit *3*
Sprache oqaatsit *Mz*
spricht (Sprache) oqaluttarpoq [t]; **sprechen miteinander** oqaloqatigiipput *Mz*
Spritze kapuut• -it *1*
Stadt illoqarfi•k -it *1*
stark, ist (Mensch) sanngi•voq [sooq]
stiehlt es tillippaa
steht aufrecht napavoq [t]
stehengeblieben, ist unippoq [ss]; uninngavoq [s]
Stein uja•rak -qqat *2*
stellt es ilivaa
stirbt toqulerpoq [t]
Stiefel (Schnee-) ka•mik -mmit *3*
still, ist (Geräusch) nipaappoq [ts]; **(Wetter, Meer)** qatsungavoq [s]
Stimme nipi; **seine S.** nipaa
Stoff (Kleider-) annoraa•mineq mernit *3*
stört ihn akornuserpaa
Strafe pillaat• -it *1*
Strand sissa•q -t *1*
Straße aqqusine•q -rit *3*
Streichholz ikitsi•t -sit *1*
streitet mit ihm oqqappaa
Stück immikkoort•oq -ut *1*; -mineq
Student ilinniarnert•ooq -uut *1*
Stuhl issiavi•k -it *1*
Stunde timi• -t *1*; akunne•q -rit *3*
sucht es ujarpaa
Süden kujataa
Summe katinnera -i *3*
Suppe qaj•oq -ut *1*
süß, ist (Geschmack) tungusunnippoq [ts]

T

Tabak tupa• -t *1*
Tablette iisarta•gaq -kkat *2*
Tag ull•oq -ut *1*
täglich ullut tamaasa
Tal qoo•roq -qqut *2*
Tankstelle orsersorfi•k -it *1*
tanzt qitippoq [tt]
Tasche pooqatta•q -t *1*
Taxi taxa• -t *1*
Telefon telefoni• -t *1*
telefoniert sianerpoq [t]
Teller puugu•taq -ttat *2*
teuer, ist aki•suvoq [sooq]
Theater isiginnaartitsisarfi•k -it *1*
tief, ist iti•voq [sooq]
Tier uumas•oq -ut *1*
Tod toqu• -p *1*
Toilette anartarfi•k -it *1*, perusuersartarfi•k -it *1*
Toilettenpapier equutissa•q -t *1*
tot, ist toquvoq [s]
tötet ihn toquppaa
Tradition ilitsoqqussa•q -t *1*
trägt es tigumiarpaa
traurig, ist: t. darüber aliasuutigivaa; **t. gestimmt** aliasuppoq [tt]
trifft ihn naapippaa
Treppe majuartarfiit *Mz 1*
trinkt imerpoq [t]; -torpoq
Trinkgeld, gibt ihm kajumissaaserpaa
trocken, ist panerpoq [t]
trocknet es (auf Stock) qaaqquarpaa
tschau takuss'
tüchtig, ist pikkorippoq [ss]
tut iliorpoq [t]
Tür matu• -t *1*

U

übt es sungiusarpaa
über (örtl.) *ABH* + qulaani; -kkut *VIA*
über (zeitl.) qaangerlugu/git *Ez/Mz*
überall sumiluunniit
überfällt ihn saassuppaa
übermorgen aqaguagu
übernachten unnuivoq [s]
überquert es ikaarpaa
übersetzt es (Sprache) nutserpaa
Übersetzer nutseris•oq -ut *1*
Überweisung aningaasat allagartaat• -it *1*
übrig, ist sinneruppoq; **übriges** sinneq
Uhr nalunaaqu•taq -ttat *2*
um ... herum ... kaajallallugu; **u. zu ...** +nermut (= +neq + *ALL)*
Umgebung eqqa•q -t *1*
umtauscht es taarserpaa
Umweg qipite•riaq -rissat *2*
unbekannt nalusa•q -t *1*
und aamma; +lu
Unfall ajunaarne•q -rit *3*
ungefähr *ABH* + missaani
Universität universiteti• -t *1*
unrichtig, ist ajorpoq [t]
unschuldig, ist pinngitsuuvoq [s]
unten: da u. kanani; takanani; samma
unter (räuml.) *ABH* + ataani; **(weniger als)** *ABH* + inorlugu/git *Ez/Mz*
Unterhaltung oqaloqatigiinne•q -rit *3*
Unterkunft akunnittarfi•k -it *1*
unterrichtet ihn (lehrt) ilinniartippaa
unterschreibt es atsiorpaa
Urlaub sulinngiffeqarne•q -rit *3*

V

Vater ataata• -t *1*
verabreden sich zu +niarlutik isumaqatigiipput *Mz*
Verabredung isumaqatigiissut• -it *1*
verabschiedet sich von ihm inuulluaqquaa
verboten, ist inerteqqutaavoq [s]
Verbrechen, begeht ein pinerluppoq [tt]
verdient (Lohn) akissarsivoq [t]
vergisst es puiorpaa
vergnügt sich quiasuppoq [tt]
verirrt sich tammartajaarpoq [t]
verkauft es tunivaa; -erniarpoq [t]
verleiht atortitsivoq [t]
verletzt, ist ikiligaa•voq [s]
Verletzung iki• t 1
verliebt in ihn, ist ajuutigivaa
verliert es katappaa
vermietet es attartortippaa
vermisst es ujariagivaa
vermittelt zwischen ihnen isumaqatigiissinniarpai *Mz*
verpasst ihn (z. B. Flug) inortorpaa
Versicherung sillimmasiine•q -rit *3*
verspätet sich kinguartoorpoq [t]
verspricht es neriorsorpaa
versteht es paasivaa
versucht es misilippaa
viele amerlasuut *Mz 1*
vielleicht immaqa
Vogel timmia•q -ssat *2*
Volk inuiaat *Mz 1*
voll, ist ulikkaarpoq [t]
von ±mit / miit / minngaanniit *LOK*

vor (örtl.) *ABH* + saani **(zeitl., Reihenfolge)** *ABH* + siornani; siornatigut
vorbereitet es piareersarpaa
vorgestern ippassaani
vorher siornagut
Vormittag ulloqeqqata-tungaa
vorne *ABH* + saavani
vorschlägt es siunnersuutigivaa
vorstellt es sich takorloorpaa; **v. sich** ilisaritippoq [tt]
Vorwahl (deutsche) (Tysklandip) normua

W

Wagen biili• -t *1*
wahr, ist eqqorpoq [t]
während (z. B. w. er aß) -stillugu: nerisillugu

Wald orpippassuit *Mz 3*
Wand ii•gaq -kkat *2*
wandert pisuttuarpoq [t]
wann (Verg.) qanga;
(Zuk.) qaqugu
Ware (vor Verkauf)
nioqqutissat *Mz* 1
warm, ist (Gegenstand)
kissarpoq [t];
(Kleidung) oqorpoq [t];
(Wetter) kiappoq [tt]
wartet auf ihn utaqqivaa
warum sooq
was suna
wäscht: w. es asappaa;
w. sich asappoq [tt];
w. die Wäsche errorpaa
Wasser imeq, erngit
(ermit) *3*
Watte qiviuusat *Mz 1*
wechselt es aus
taarsertippaa
weckt ihn itersarpaa
Weg aqqus•ineq -ernit *3*
wegen pillugu
weiblich arna•q, -t *1*
weil -ra/ma-*Form*
weint qiavoq [s]
weiß, ist qaqorpoq [t]
weit entfernt, ist
ungasippoq [ss]
welcher sorl•eq -iit *3*
wenig immannguaq,
immannguaannaq
wenn (falls) -ru/pa-*Form*
wer kina; kiap + *zielendes Verb*
wird -nngorpoq [t]
wessen kiap
Westen kitaa
Wetter (augenblicklich)
sila• -p 1;
(kommendes)
silassa•q -p *1*
wichtig, ist
pingaarpoq [t]
wie qanoq;
w. viel qassit *Mz*
wieder, tut ... -qqippoq
wiederholt es uterpaa
Wildnis, ist (Gegend)
angallavikkuminaappoq [ts]
Wind anori• -t *1*
Winter uki•oq -ut *1*
wissen: weiß es
nalunngilaa;
w. es nicht naluaa
wo sumi
Woche sapaatip akunnera -i
woher sumit
wohin sumut
wohnt najugaqarpoq [t]
Wohnung
naju•gaq -kkat *2*
wollen: will
+niarpoq, -niaq
Wort oqaa•seq -tsit *3*
Wörterbuch ordbogi• -t *1*
Wunde ammarterne•q -rit *3*
wünscht: w. ihm gut ... / Glück pilluaqquaa;
-lluaqquaa;
w. es sich kissaatigivaa

Z

Zahnarzt kigutileris•oq -ut *1*
Zahnpasta tandpasta• -t *1*
zählt kisitsivoq [s]
zeigt: z. es ihm
tikkuuppaa;
z. mit dem Finger darauf tikkuarpaa
Zeit piffissa•q -p *1*
Zeitung aviisi• -t *1*
Zelt tupeq, toqqit *2*
Zeltplatz tupeqarfi•k -it *1*
Zentrum qiteq, qeqqit *3;*
sein Z. qeqqa
Zigarette sikaritsi• -t *1*
Zimmer ini• -t *1*
Zoll (Geld) akitsuut• -it *1;*
(Ort) akitsuuserivi•k -it *1*
zu + *Eigensch.*
-vallaarpoq, +pallaarpoq;
z. viel sualuttumik *Umst.*;
-pvallaaqaaq
zufrieden, ist
usorsisimaarpoq [t]
zurück utimut
zusammen (alle)
tamarmik; *ABH Mz* + tamaasa
zwischen *ABH* + akornanni

Wörterliste Grönländisch – Deutsch

In dieser Liste gebe ich die Verben, die im weitesten Sinne einen Übergang in einen anderen Zustand bedeuten, in der Vergangenheitsform an, um daran zu erinnern, dass speziell bei diesen immer eher die Vergangenheit verstanden wird. Zustands- bzw. Eigenschaftsverben sind in der Gegenwart belassen. Bei zielenden Verben gebe ich immer den 2. Stamm an, der deutschem „etwas", „jemanden" entspricht (siehe Erläuterung in der Suffixliste bei -i-, -si-*). Er muss nach dem Punkt anstelle des rechts davon stehenden Teils angefügt werden. Beispiel:* aappaa *„brachte es" ist zielende Form, aber* aatsivoq *„brachte etwas" ist eine auf nichts Konkretes, eben bloß auf „etwas", zielende Form. Einen anderen Ausdruck für „etwas", „jemanden" gibt es nicht.*

A

aa·ppaa [tsivoq] brachte es
aalajaappoq [ts] ist unbeweglich
aalajang·erpaa [iivoq] hat es entschieden
aalakoorpoq ist betrunken
aalisagaq Fisch
aallarneq Ausreise
aallarpoq ist abgereist
aamma auch, und, mehr
aap ja; *bei verneinter Frage:* nein
aappaagu nächstes Jahr
aappariit ***Mz*** Ehepaar
aapaartoq Halbgares
aappaluppoq ist rot
aaqqat Handschuh
aaqqissuu·ppaa [ssivoq] organisierte es
aasaq Sommer
aatsaat jetzt erst
aa·vaa llerpoq holt es
aavarpoq ist auf Rentierjagd
affaq Hälfte; **tiimi a.** halbe Stunde
aggerpoq ist herangekommen
ajassaatit ***Mz*** Gabel
ajoquserpoq ist zu Schaden gekommen
ajo·raa [rinnippoq] es gefällt ihm nicht
ajoraluartumik leider
ajornanngilaq ist einfach, möglich
ajornartorsiut Problem
ajorpoq ist schlecht, falsch
ajortunngorsimavoq ist faul (Obst)
ajuallatsi·ppaa [tsivoq] hat ihn beleidigt
ajunaarneq Unfall
ajunngilaq ist gut
ajunnginneruvoq ist besser
ajutoorpoq hat Panne mit
ajuusaarpoq bedauert, beklagt
ajuuti·gaa [ginnippoq] ist in ihn verliebt
akaa·raa [rinnippoq] es gefällt ihm gut
akeqanngilaq ist gratis
akeqarpoq kostet *(Preis)*
aki Preis, Antwort
aki·lerpaa [liivoq] bezahlt es
akiani gegenüber
akikilliliineq Ermäßigung
akikippoq ist billig
akissarsiaq Lohn, Gehalt
akissarsivoq verdient (Lohn)
akisuvoq ist teuer
akitsuuserivik Zoll
akitsuut Zoll, Gebühr
akivoq antwortete
akornanni zwischen
akornu·serpaa [siivoq] hat ihn gestört
aku·eraa [ersivoq] hat es erlaubt, zugestimmt
akuersissut Erlaubnis
akulikitsumik oft
akunneq Zwischenraum; Stunde
akunnittarfik Unterkunft, Hotel, Jugendherberge
aliasuppoq ist traurig gestimmt
aliasuuti·gaa [ginnippoq] ist darüber traurig
alla fremd
allaffik Büro
allagartaq uppernarsaat Dokument
allakkat ***Mz*** Brief
allakkat-puuat ***(Ez = Mz)*** Briefumschlag
allakkerivik Postamt
allanngoranngippoq ist unveränderlich

allappoq hat geschrieben
alussaat Löffel
amerlassuseq Menge, Quantität
amerlasuut ***Mz*** viel
amigaati·gaa [ginnippoq] braucht / benötigt es
amma·rpaa [avoq] hat es geöffnet
ammarterneq Wunde
amorlaaq frischer Fisch
anaana Mutter
anartarfik Toilette
angajoqqaat ***Mz*** Eltern
angalaneq Rundreise
angalavoq ist auf Rundreise
angallat Wasserfahrzeug
angallatsitsivik Reisebüro
angallavikkuminaappoq ist Wildnis
angerlarpoq ist heimgekehrt
angivoq ist groß
angut Mann
anguvoq hat Seehunde gefangen
aningaasaq Geld
aningaasat ***Mz*** Bargeld; **a. allagartaat** Überweisung
aningaaserivik Bank
anisarfik Ausgang
anivoq ist hinausgegangen
annanniut Rettungsboot, Rettungsfloß
anne·raa [rinnippoq] hat Schmerzen in
annernarpoq schmerzt
anniaat Schmerz
annoraamineq Kleiderstoff
annoraaq Anorak
anori Wind
apeqqarippoq ist neugierig
apeqqut Frage
aperivoq fragte
aqagu morgen
aqaguagu übermorgen
aqerluusaq Bleistift
aqqusineq Straße, Weg
aqqut Weg, Pfad
aqupivoq liegt *(Tier)*
arlaat ***Mz*** einer davon
arnaq Frau, weiblich
arpappoq *Mensch* lief
arriippoq ist langsam
artornarpoq ist schwierig
asa·ppaa [avoq] hat es gewaschen
asa·vaa [nippoq] liebt ihn
asappoq wusch sich
aserorpoq ist kaputt
asiunaveersa·rpaa [avoq] hat es konserviert
assak Hand
assi(liaq) Bild, Fotografie
assili·vaa [ivoq] fotografierte es
assut sehr
assiliissut Kamera allg.
ataani unter *(räuml.)*
ataaseriarpoq hat einmal getan
ataata Vater
ateq Name
atisaajarpoq hat sich ausgezogen
atisat ***Mz*** Kleidung
ator·paa [poq] lieh sich, verwendete es
atorfilik Angestellte/r
atorfissaqarti·ppaa [tsivoq] benötigt es
atorpoq ist gültig
atortitsivoq hat verliehen
atsi·orpaa [uivoq] hat es unterschrieben
attartor·tippaa [tsivoq] vermietet es
attartorpoq mietet
atuagaq Buch
atuarfik Schule
atuarpoq las
atuartoq Schüler/in
avammut tunisineq Ausfuhr
avannaq Norden
avataa Gebiet seewärts vor der Küste
aviisi Zeitung
aviisiliortoq Journalist
avittaq Lederstickerei

B / E

biili Auto, Wagen
bilitsi Eintrittskarte, Fahrkarte
eqiattarpoq ist träge
eqqaama·vaa [nippoq] hat es sich gemerkt
eqqaassutissaq Denkmal
eqqaavaa erinnert sich an
eqqaq Umgebung
eqqiluisaarneq Hygiene
eqqissivoq hält Frieden
eqqorluarpoq ist genau
eqqorpoq ist korrekt, wahr
eqqortoq Recht, Jura
eqqumiitsuliaq Kunsthandwerk (Ware)
eqqumiitsuliorneq Kunst
eqqussinneq Einfuhr
equutissaq Toilettenpapier
erinarsorpoq hat gesungen
erinarsuut Lied
erniinnaq bald

error·paa [sivoq] hat Geschirr / Wäsche gewaschen
errortassat (errortat) Schmutzwäsche (saubere W.)
ersersa·rpaa [avoq] entwickelte ihn (Film)
ersi·gaa [voq] fürchtet sich vor ihm
ersineq Angst

F / I

filmeriarpoq ins Kino gehen
iffiaq Brot
igalaamineq Glas (Material)
igalaaq Fenster
igavoq hat gekocht
igitat *Mz* Müll
iigaq Wand
iisartagaq Tablette
ikaar·paa [poq] überquerte es, *(nichtziel.)*: setzte über, geht an Bord / Land
ikaartaat Fähre
ikaartarfik Brücke
ikani dort
ikerasaq Sund
iki Verletzung
iki·orpaa [uivoq] hat ihm geholfen
ikiligaavoq ist verletzt
ikiligaq (*Mz* ikilikkat 2) Verletzter
ikinngut Freund/in
ikinngutigiinneq Freundschaft
ikitsit Streichholz
ikiuineq Hilfe
ikivoq ist eingestiegen
ikuallappoq Brand ist ausgebrochen
ikuuna dorthin
ilaanermut akia Fahrpreis
ilaannikkut manchmal
ilaasortaatit ingerlaartarnissaat *Mz* Schiffsfahrplan
ilaat paar, einige
ilaavoq ist Passagier
ilaqutakka *Mz* meine Familie
ilaqutariit *Mz* Verwandtschaft (Personen)
ilassi·vaa [nippoq] hat ihn begrüßt
ileqqoq Brauch
ilikkar·paa [poq] hat es gelernt
ilinniarnertooq Student
ilinniarpoq hat gelernt
ilinniarti·ppaa [tsivoq] lehrte ihn
ilinniartitsisoq Lehrer/in
iliorpoq macht, tut
ilisaritippoq hat sich bekannt gemacht
ilisima·vaa [nnippoq] kennt es
ilissi ihr *Mz*
ilitsoqqussaq Tradition
ili·vaa [sivoq] hat es gelegt / gestellt
illaatigaa lachte darüber
illarpoq lachte
illit du
illoqarfik Ansiedlung, Stadt
illu Haus, Gebäude
illugiit *Mz* ein Paar *Dinge*
iluanaarpoq hat Glück, Erfolg
iluarpoq ist richtig
iluarsaa·ppaa [ssivoq] hat es repariert, *auch:* **iluarsarpaa**
iluatsitsilluarneq Erfolg
iluliaq größerer Eisberg
ilungersorpoq ist dringend
ima Meer, Inhalt
ima, imaappoq so; ist so
imalluunnit oder
imaqanngilaq ist leer
imeq Wasser
imeriartarfik Gaststätte
imerniartarfik Kneipe
imerpoq trank
imertarfik Trinkglas
imerusuppoq hat Durst
imigassaq Getränk, Alkohol
immannguaq, immannguaannaq wenig, ein bisschen
immaqa *drückt Ungewissheit aus*
immersugassaq Formular
immiaq Bier
immikkoortoq Stück, Kapitel
inaar·paa [sivoq] hat es beendet
inatsit Gesetz
inerippoq ist reif *(Obst)*
inerpoq ist fertig
inerteqqutaavoq ist verboten
ingerlaarfissaat Fahrzeiten, Fahrplan
ingerlavoq ist in Bewegung
ingippoq hat sich gesetzt
ini Raum, Zimmer
inissaq Platz, Zimmer zum Mieten
inissippaa hat es geparkt
inneq Feuer

inniminn·erpaa [iivoq] hat es bestellt, gebucht
inniminniineq Bestellung, Reservierung
innuttaasoq Staatsbürger
inoorsaarpoq ist gastfreundlich
inorlugu, inorlugit weniger als *(Ez:* -gu; *Mz:* -git*)*
inor·torpaa [tuivoq] kam zu spät dafür
inuak Finger
inuiaassuseq Nationalität
inuiaat *Mz* Volk
inuiaqatigiit *Mz* Gesellschaft *(sozial)*
inuit *Mz* Menschen, Leute
inuk Mensch
inussiarnerpoq ist herzlich
inuuik Geburtstag
inuuissiorpoq hat Geburtstag
inuulluaqqu·aa [sivoq] verabschiedete ihn
inuussutissat *Mz* Lebensmittel
inuusuppoq ist jung
inuuvoq lebt, ist beseelt
ipeq Schmutz
iperagaati·ppaa [tsivoq] hat ihn freigelassen
ipertuvoq ist schmutzig
ipiia·rpaa [avoq] hat es saubergemacht
ipiippoq ist sauber
ipippoq ist scharf (Messer)
ippassaani vorgestern
ippassaq gestern
ippeqivoq wird von Mücken belästigt
ippernaq Mücke, Fliege
isarussat *Mz* Brille
iserpoq (isersimavoq) ist eingetreten (zu Hause)
isertarfik Eingang
isigak Fuß
isiginnaarpoq betrachtete
isiginnaartitsisarfik Theater
issiavik Stuhl
issiavoq sitzt
issippoq es ist kaltes Wetter
issuvoq ist dick
isu Ende
isumaqarpoq glaubt, meint, denkt
isumaqatigiipput sie verabredeten sich
isumaqatigiissut Verabredung
iterpoq ist aufgewacht
itersa·rpaa [avoq] hat ihn geweckt
itivoq ist tief
iviangeq weibliche Brust
ivik *(auch:* **ivigaq***)* Gras

K

kaagiliaq Kuchen, Gebäck
kaajallallugu / -git um ... herum *(Ez:* gu; *Mz:* git*)*
kaappoq ist hungrig
kajorpoq ist braun
kajumissaarpaa empfahl es
kajumissaatit *Mz* Trinkgeld
kalaaleq Grönländer
kalaallisut Grönländisch
kalaallisuut *Mz* grönländ. Nationaltracht
Kalaallit Nunaat Grönland
kalattuut grönländische Tänze
kamaappoq ist zornig, prügelt sich
kamik Schneestiefel
kangerluk Fjord
kangi Osten
kanna der / das da unten *Mz:* **kakku**
kapi·vaa [sivoq] hat ihn geimpft
kapuut Spritze
karsi Kasse
katappaa hat es verloren
kater·sorpai *Mz* [suivoq] hat sie gesammelt
katinnera Summe
katippoq heiratete
kiaguppoq ihm ist heiß, er schwitzt
kiap wessen, wer + *ziel. Verb*
kiappoq ist warmes Wetter
kigutilerisoq Zahnarzt
kiinneraarpoq ist freundlich
kii·vaa [sivoq] hat ihn gebissen
killik Grenze
kina wer
kingoraartissaq Ersatzteil
kingornagut nach *(zeitl.)*, seit
kinguartoorpoq ist verspätet
kinguliaqut Nachname
kingulleq letzter
kingusippoq spät
kisermaaq allein, isoliert
kisianni aber
kisimiippoq ist allein
kisitsivoq zählte, rechnete
kissaatigaa wünscht es sich

kissarneqarpoq hat Fieber
kissarpoq ist warm *(Ding)*
kitaa Westen
kivi·ppaa [tsivoq] hat es gehoben
kujataa Süden
kukkuvoq hat Fehler gemacht
kuni·ppaa [ssivoq] hat ihn geküsst
kusanarpoq ist schön
kuuk Fluss, Bach, fließendes Wasser

M

maalaarpoq hat sich beschwert
maani hier;
m. eqqatsinni in der Gegend hier
majuartarfiit *Mz* Treppe
makippoq ist aufgestanden
mama·raa [rinnippoq] mag es gerne essen
mamarpoq es schmeckt
manngerpoq ist hart
marneq Eiter
masappoq ist feucht, nass
massakkorluinnaq sofort
massakkut jetzt
mattuvoq ist zäh
matu Tür
matuersaat Schlüssel
matuvoq ist geschlossen
meeraq Kind
meqqut Nadel
mikiarpoq ist verdorben *(Fleisch)*
mikivoq ist klein
minutsi Minute
mippoq landete *(Flugzeug)*
misi·gaa [ginnippoq] fühlt es
misigisaq Gefühl, Eindruck
misili·ppaa [ivoq] hat es versucht
missaani ungefähr
muteq Mode

N

naamik nein; *bei bejahter Frage:* ja
naammaannarpoq ist langweilig
naammaappoq passt *(Kleidung)*
naammappoq ist genug
naammassivoq ist fertig
naapi·ppaa [tsivoq] begegnete ihm
naappoq ist kurz
naartuvoq ist schwanger
naasoq Pflanze, Blume
naasoqanngilaq ist ohne Bewuchs
naasorissaaneq Landwirtschaft
naasorissaasoq Bauer
naat *Mz* *(auch:* nassat*)* Magen, Bauch
naatitaq Gemüse
naatsiivik Garten
naatsors·orpaa [uivoq] hat es ausgerechnet
najoqqutassat *Mz* Anleitung, Leitfaden
najorsivoq trank einen Schluck
najoruminarpoq ist gemütlich
najugalik Einwohner
najugaq Wohnung, Adresse
najugaqarpoq wohnt
nakkarpoq ist hinuntergefallen
nakkuti·gaa [lliivoq] hat es unter Kontrolle
nakorsa·rpaa [avoq] hat ihn behandelt
nakorsaat Medikament
nakorsaataarniarfik Apotheke
nakorsaq Arzt
nakorsiarpoq ist zum Arzt gegangen
nalavoq liegt *(Mensch)*
nalequtaq Damenbinde
nalliu·ssivaa [ttorsiorpoq] feiert es
nalliuttorsiorneq Feier
naluaa weiß es nicht
nalunaaqutaq Uhr
nalunaar·paa [poq] hat es erklärt
nalunaarsorpai *Mz* hat es aufgeschrieben
nalunaarut Mitteilung
nalunngilaa weiß es
nalusaq Unbekanntes/-er
nammattagaq Rucksack
nammineerpoq hat etwas allein getan
nammineq selbst
nani·vaa sivoq fand es *(nach Suche]*
nanoq Eisbär
nasaq Mütze, Hut
napavoq steht aufrecht
nappaat Krankheit
napparsimasoq Patient
napparsimavoq ist krank
napparsimmavik Krankenhaus
naqinneq Buchstabe
narlusuumik geradeaus

nassaa·raa [rpoq] hat es gefunden *(zufällig)*
nassatat *Mz* Gepäck
nassiu·ppaa [ssivoq] hat es ihm geschickt
nassuippoq ist deutlich, klar
navianarpoq ist gefährlich
navianartoqanngilaq ist ungefährlich
neqi Fleisch *(außer Fisch)*
neriniartarfik Restaurant
nerior·sorpaa [suivoq] hat es versprochen
nerisassat *Mz* Speise; **n. allattorsimaffiat** Speisekarte
neriu·gaa [ppoq] hofft es
nerivoq hat gegessen
niaqoq Kopf
nillataartitsivik Kühlschrank
nillerpoq ist kalt *(Ding)*
ningioq Hausfrau
nioqqutissat *Mz* Ware *(vor Verkauf)*
nipaappoq ist ohne Geräusch
nipi Stimme
nipilersorneq Musik
nipittartoq Klebestreifen
nipituvoq ist laut
niuvoq ist ausgestiegen
niviarsiaraq Mädchen
normoru, normu Nummer, Größe *(Kleidg.)*
nualluppoq hat Grippe, ist erkältet
nuanna·raa [rinnippoq] freut sich darüber
nuannaarpoq ist fröhlich
nukappiaraq Junge
nuliaq Ehefrau
nuna Land, Gegend
nunaat Landbesitz
nunami allamiu Ausländer
nunap assinga Landkarte
nunarsuaq Erde, Welt
nunguppoq ist verbraucht, aufgegessen
nutaaq Neues
nutse·rpaa [rivoq] hat es übersetzt
nutserisoq Übersetzer

O

ooqanngilaq ist ungekocht
ooqattaar·paa [ivoq] versuchte es, kostete es
oqaaseq (oqaasii) Wort (Sprache)
oqaaseqatigiit *Mz* Satz
oqaasilerineq Grammatik
oqaatsit *Mz* Sprache
oqaloqatigiipput sprachen miteinander
oqaluppoq hat geredet
oqalutsi Dolmetscher
oqaluttarpoq spricht eine Sprache
oqaluttua·raa [rinnippoq] hat es erzählt
oqaluttuaq Erzählung
oqaluttuarisaaneq Geschichte *(Historie)*
oqarpoq sagte
oqilavoq bewegt sich schnell
oqimaappoq ist schwer *(Gewicht)*
oqimaassuseq Gewicht
oqippoq ist leicht *(Gewicht)*
oqorpoq ist warm *(Kleidung)*
oqorutit *Mz* Bettzeug
oqqa·ppaa [ssivoq] hat mit ihm gestritten
ornippaa hat sich ihm genähert
orpik Baum
orsersorfik Tankstelle

P

paarnaq Schwarzbeere; Obst
paasi·vaa [nnippoq] hat es verstanden
paasisinneqarpoq ist informiert
paasissutissaq Auskunft, Information
panerpoq ist trocken *(nicht Wetter)*
pappiara (pappiala) Papier
parnaarussivik Gefängnis
passi Pass
peerpoq ist lose
peqqiilliorpoq fühlt sich krank
peqqippoq ist gesund
peqqissuseq Gesundheit
peqquserlu·ttuliorfigaa [ppoq] hat ihn betrogen
perlerorneq Winterdepression
perusuersartarfik Toilette
pi- + *Suffix* Ding, etwas; *Stützsilbe für Suffixe*
piaarpoq ist / tut früh
piareersa·rpaa [avoq] hat es vorbereitet
piffissamik eqqorluaavoq ist pünktlich
piffissaq Zeit
piginnittoq Besitzer
pigisa(q) *(mst. m. Suffix)* Sache, Eigentum

Wörterliste Grönländisch – Deutsch

piikulavoq ist lustig
piitsoq ist bedürftig
pikkorippoq ist tüchtig
pilerpoq hat angefangen
pilersaarut Plan
pilla·rpaa [avoq] hat ihn bestraft
pillaat Strafe
pilluaqqu·aa [sivoq] hat ihr gratuliert
pilluaqquaa wünscht ihm Glück
pilluarpoq fühlt sich glücklich
pillugu wegen
pinerluppoq hat Verbrechen begangen
pingaarpoq ist wichtig
pinnersaat Schmuck
pinnga der / das da oben *Mz:* **pikku**
pinngitsuuvoq ist unschuldig
pinngortitaq Natur
pinnguaq Spielzeug
pinnguarpoq spielte
pisariaqar·tippaa [poq] benötigt es
pisarnermisut normal
pisi·araa [voq] hat es gekauft
pisiniarfik Geschäft, Laden
pisooq reich
pisoq Ereignis
pisoqaq alt, nicht neu
pisortaq Chef
pisortat Behörde
pissuserippoq höflich
pissusissamisoorpoq ist natürlich
pisulluni zu Fuß
pisuloorpoq ging spazieren
pisuppoq ging
pisuttuarpoq wanderte
pisuuvoq ist schuldig, reich
pitsaassuseq Qualität
pitsak ausgezeichnet
piuminaappoq ist kompliziert
pivaa hat es empfangen
piviuvoq ist echt
pivoq nahm, erreichte, erhielt; gab;
p. ±mut *ALL* ist in ... angekommen
politiit *Mz* Polizei
pooqattaq Tasche
poortugaq (*auch:* **poortaq**) Paket
portuvoq ist hoch
pueqqorpoq ist kühles Wetter
puiaasaq Flasche
puiorpaa hat es vergessen (**-mut** *wo*)
pujortarpoq hat geraucht
pujortuleeraq Motorboot
pukkippoq ist niedrig
pulaar·paa [poq] besuchte ihn
puttavoq es schwamm (*Ding*)
putu Loch
puugutaq Teller
puussiaq Tüte, Tasche

Q

qaa- komm- (*nur mit Endungen*)
qaamaneq Licht
qaamavoq ist hell
qaami! gern!
qaammaqqut Lichtquelle
qaammat Monat
qaangerlugu / git über (*zeitl.*) (*Ez:* gu, *Mz:* git)
qaani auf, oben auf
qaanngiuppata in (*zeitl.*)
qaaqqu·aa [sivoq] hat ihn eingeladen
qaaqquarpaa trocknet Kleidung an Stock
qaaqquneqarneq Einladung an jemanden
qaaqqusaq Gast
qaaqqusineq eigene Einladung
qaaqqusisut *Mz* Gastgeber
qaarsilavoq ist satt
qaarsillartoq einer, der völlig satt ist
qajoq Suppe
qalarlaaq frisch Zubereitetes
qaliaq Dach
qalipa·ppaa [avoq] hat es gemalt / bemalt
qalipaat Farbe
qallunaatooq dänisch
qallunaatut (auf) Dänisch (*Sprache*)
qamutit Schlitten ohne Hunde
qanga wann (*Vergangenh.*)
qanganisarpaluppoq ist rückständig
qaninneq nächster
qani·ppaa [qanillivoq] ist nah an ihm
qani·vaa [sivoq] begleitete ihn ein Stück
qanoq wie
qaqorpoq ist weiß
qaqorsaat Seife
qaqqaq Berg

qaqugu wann *(Zukunft)*
qaqutigoorpoq ist selten
qarliit ***Mz*** Hose
qaserpoq ist grau
qassit ***Mz*** wie viel(e)
qasuerserpoq hat sich erholt
qasuvoq ist müde
qatsungavoq es ist Stille *(Wetter, Meer)*
qeqertaq Insel
qeqqa dessen Mitte
qernerpoq ist schwarz
qiavoq weinte
qiiavoq friert, fror
qimerl·oorpaa [uuivoq] hat es besichtigt
qimmeq Hund
qimusseq Schlitten mit Hunden
qinnui·gaa [ginnippoq] hat ihn gebeten
qinnut Bitte
qipik Federbett
qipiteriaq Umweg
qisuk Holz, hölzern
qiteq Mitte
qitippoq hat getanzt
qiuutit ***Mz*** Schere
qiviuusat ***Mz*** Watte
qooroq Tal
qu·tsavigaa [javoq] dankte ihm
quiasuppoq hat sich vergnügt
qujanaq danke
qulaani oberhalb, über
qularnaappoq ist sicher, gewiss
quleriit ***Mz*** Etage
qulleq Lampe
qummuattaq Gefäß
qungujuppoq lächelte

S

saamimmut nach links
saani vor *(örtl.)*
saappoq ist dünn
saassu·ppaa [ssivoq] überfiel ihn, griff ihn an
saavani vorne
sakissat ***Mz*** Brustkorb
salluvoq hat gelogen
sammivik Richtung
saneraq Seite
saniani neben
sanngivoq ist stark *(Mensch)*
sapaatip akunnera Woche
sapangaaraq Glasperle
saqqummersitsineq Ausstellung
savik Messer
seernarpoq ist sauer
sekunti Sekunde
seqqorpoq hat geschossen
siaartartoq Schirm
sianerpoq telefonierte
siani·gaa [ginnippoq] weiß darüber Bescheid, passt darauf auf
sianiippoq ist dumm
sikaritsi Zigarette
sikkili Fahrrad
siku Eis
sikuliaq Speiseeis
sila Wetter *(augenblicklich);* Verstand
silaqanngitsoq Schnaps
silassaq Wetter *(kommendes)*
silatuvoq ist klug
silippoq ist breit
sillimmasiineq Versicherung
siniffik Bett
siniffik-pooq Schlafsack
sinippoq ist eingeschlafen
sinittarfik Schlafzimmer
sinneq Übriges
sinneruppoq ist übrig
sioraq (sioqqat) Sandkorn *(Mz.:* Sand*)*
siorna letztes Jahr
siorna(ti)gut vorher
siornani vor *(zeitl., Reihenfolge)*
sipaarpoq hat gespart
sissaq Strand
siuliaqut Vorname
siulleq erster
siunnersuut Rat
siunnersuuti·gaa [ginnippoq] hat es vorgeschlagen
sivikippoq dauerte nicht lange
sivisuvoq dauerte lange
skuu Schuh
sooq warum
soorlu zum Beispiel
soquti·gaa [ginnippoq] interessiert sich dafür
soqutiginarpoq ist interessant
soraarpoq hat aufgehört
sorleq (sorliit) welcher *(Mz:* welche*)*
suaarpoq hat gerufen, geschrien
sualuttumik zuviel
sukkavoq bewegt sich schnell *(Ding)*
suli noch;
s. ataasiarluni noch einmal
suliaq Beruf, Arbeit
suliffissuaq Fabrik
sulinngiffik Ferien

sulisoq Arbeiter/in
suliumatooq jemand Fleißiges
sulivoq hat gearbeitet
sumi wo
sumiiffik Ort
sumiissuseq Lage *(geogr.)*
sumiluunniit überall
sumit woher
sumut wohin
suna was
sunaaffa aha, sieh an!
sungaarpoq ist gelb
sungiusar·paa [poq] übt es
sungiusima·vaa [nippoq] ist daran gewöhnt (geübt)
suu ja; *bei verneinter Frage:* nein

T

taaguineq Aussprache
taama ... -tigisumik so ... wie
taamaaliorpoq tut auf diese Weise
taamaattoq solch(e,er,es)
taamaattumik darum
taar·serpaa [siivoq] hat es umgetauscht
taarpoq ist dunkel
taarserti·ppaa [tsivoq] wechselte es aus
taava danach, dann
taa·vaa [sivoq] bezeichnet es als
taavaana bereits
takivoq ist lang *(Strecke)*
takor·loorpaa [luuivoq] stellte es sich vor
takornarpoq sieht etwas zum ersten Mal
takornartaq Fremder
taku·aa [voq] hat es gesehen
takuniaasitsineq Führung
takusassaqqissoq Sehenswürdigkeit
takuss' tschau
takussutissaq Beispiel
taleq Arm
talerpimmut nach rechts
talittarfik Hafen
tamaasa jeder, alle zusammen
tamaat ganz ihn / sie / es
tamalaanik qalipaatilik vielfarbig
tamaqanngilaq ist nackt *(Körper)*
tamarma ganz ich / mich
tamarmi ganz er / sie / es; alles *Ez*
tamarmik, tamaasa alle zusammen
tamarpit ganz du/dich
tamassi ihr alle, euch alle
tamatigorluinnaq jedes Mal
tamatigut immer
tammajuitsoq Andenken
tammartajaarpoq hat sich verirrt
tarajoq Salzwasser
taratsut ***Mz*** Salz
tarnut Salbe
taseq See
tasiusaq seeähnliche Meeresbucht
tassanngaannaq plötzlich
taxa Taxi
tigu·aa [sivoq] hat es genommen
tigumiar·paa [poq] trug es
tigummivaa hält es fest
tiimi Stunde
tikeraar·paa [poq] besuchte ihn
tikillugu bis *(zeitl.)*
tikinneq Ankunft
tikippoq ist angekommen
tikkua·rpaa [avoq] hat daraufgezeigt
tikkuu·ppaa [ssivoq] hat es ihm gezeigt
tillinneq Diebstahl
tillinniarneq Einbruch
tilli·ppaa [ppoq] hat es gestohlen
timersorneq Sport
timi Körper
timmiaq Vogel
timmippoq hat Durchfall bekommen
timmisartoq Flugzeug
timmisartoqarfik Flughafen
timmisartornermut billetsi Flugticket
timmisartorpoq flog *(Flugzeug)*
timmisartut angalanissaat ***Mz*** Flugplan
timmivoq flog *(Vogel)*
tingerlaat Seil
toqqor·paa [sivoq] bewahrt es auf
toqu Tod
toqu·ppaa [tsivoq] hat es getötet
toqulerpoq stirbt gerade
toqunartoq Gift
toquvoq ist tot
torerpoq ist ordentlich
tuaviorpoq beeilte sich
tullianik nächstes Mal
tuluttut Englisch

tungaani bis, nach *(örtl.)*
tungaanut gegen *(in Richtg.)*
tungeq Laken
tungujorpoq ist blau
tungusunnippoq ist süß *(Geschmack)*
tuni·vaa [sivoq] hat ihm gegeben / es verkauft
tunissut Geschenk
tunuani hinten
tunummut nach hinten
tupa Tabak
tupeq Zelt
tupeqarfik Zeltplatz
tusa·rpaa [avoq] hat es gehört
tusaamasaq ist berühmt
tusagassiaq Nachricht
tusar·lerpaa [liivoq] hat sie benachrichtigt
tusarnaartitsineq Konzert
tusartaat Radiogerät
tyskeq Deutsche/r
tyskisooq deutsch
tyskisut auf Deutsch *(Sprache)*
Tysklandi Deutschland

U

uagut wir
ualeq Nachmittag
uanga ich
ueqanngilaq ist ledig *(Frau)*
uffarfik Badezimmer
uffarpoq hat gebadet
ui Ehemann
ujaria·gaa [tsivoq] vermisst es
uja·rpaa [asivoq] hat es gesucht
ujalussiaq Faden
ujarak Stein
ukiaq Herbst
ukioq Jahr, Winter, Lebensjahr
ukiumoortumik jährlich
uku sie *Mz*
ulikkaarpoq ist voll
ullaakkorsiorpoq hat gefrühstückt
ullaakkorsiutit ***Mz*** Frühstück
ullaaq Morgen
ulloq Tag, Datum
ulloqeqqa Mittag
ulloqeqqarsiorpoq hat zu Mittag gegessen
ulloqeqqata-tungaa Vormittag
ullumi heute
ullut tamaasa jeden Tag
umiarsuaq Schiff
umiarsuarlivik Hafen
umimmak Moschusochse
una er, sie, es; diese/r/s hier
unarujoorput ***Mz*** sie flirten
unata·rpaa [avoq] hat ihn geschlagen
ungasippoq ist weit, fern
unikaallaappoq macht kurze Pause
unnersuu·ppaa [ssivoq] weist ihm den Weg
uninngavoq ist (stehen) geblieben
unippoq bewegt sich nicht mehr
unitsi·ppaa [tsivoq] hat ihn angehalten
unittarfik Haltestelle
unnuaq Nacht
unnuivoq hat übernachtet
unnuk Abend
unnukkorsiutit ***Mz*** Abendessen
upernaaq Frühling
uppernarsaat Ausweis, Nachweis, Beweis
usorsisimaarpoq ist zufrieden
uss·erpaa [iivoq] hat es verkostet
ussippoq ist eng
utaqqi·vaa [voq] hat auf ihn gewartet
uterneq Rückfahrt
uterpaa [utiivoq] hat es wiederholt
utimut zurück
utoqqaq alt, alter Mensch
utoqqatserpoq entschuldigte sich
uulia Öl
uumasoq Tier
uumavoq ist lebendig
uunarpoq ist heiß

Der Autor

Dr. Richard H. Kölbl, Diplomgeologe, kam 1991/92 in Reykjavík erstmals in intensiveren Kontakt mit Grönländisch. Seither hat ihn die Faszination für diese (durchaus erlernbare) Sprache nicht mehr losgelassen. Grönländisch ist ein gutes Beispiel dafür, wie sich Lebensweisen im Sprachbau widerspiegeln und ihre ganz spezielle Ausdrucksfähigkeit hervorbringen. Sich mit Grönländisch zu beschäftigen heißt, auf ganz neue Weise zu erfahren, wie Sprache eigentlich funktioniert.
Der Autor, der seit über 20 Jahren den Nordatlantik zwischen den Färöern, Island und Grönland bereist, ist neben seiner Tätigkeit im Softwarebereich auch als Übersetzer und Publizist tätig und hat bereits zu drei seltenen Sprachen (Isländisch, Färöisch, Bairisch) jeweils einen Sprechführer verfasst.

Mein Dank geht an Peter für das Durchackern des Manuskripts und viele wertvolle Hinweise. Dank an Herbert und Dorothea für Ratschläge rund ums Reisen in Grönland. Von den vielen Grönländern, die mir in ihrer Sprache geduldig die Hand reichten, sei Naaja (Qassiarsuk) und Kielsen (Narsarsuaq) besonders gedankt. Dank an Jytte für die Gastfreundschaft in Narsarsuaq und alle Hilfe. Nicht zuletzt aber geht mein Dank an alle, die dieses Buch erwerben und mir Fehler und Unzulänglichkeiten nachsehen und vielleicht sogar mitteilen.